Martina Yilmaz

Zauberkräuter Hexengrün

Yilmaz, Martina: Zauberkräuter Hexengrün

ISBN 3-89423-031-2

Inhalt

Vorwort

Jedes kleines Kraut, jeder bombastische Baum hat einen ganz spezifischen Charakter. Alle Pflanzen verlangen nach einer bestimmten Umgebung, nach einem Ort, an dem sie gedeihen, der ihren Bedürfnissen entspricht. Sie haben weder Mund, noch Nase, Ohren oder Nerven, doch wer sie aufmerksam beobachtet, der merkt, wie sensibel und spontan die Pflanzen reagieren.

Wer selbst Pflanzen besitzt, hat sicherlich festgestellt, daß die Pflege nicht beim Gießen, beim Beachten des richtigen Standortes und der Verwendung der besten Erde aufhört, sondern daß die Pflanzen ganz persönlichen Kontakt und Zuwendung wünschen. In einer Umgebung, wo ständig Zank und Streit herrscht, gedeihen sie nicht.

Manche Menschen besitzen eine glückliche Hand im Umgang mit Pflanzen, was daran liegt, daß sie diese grünen Wesen als Lebewesen betrachten und nicht als Nippes auf dem Regal.

Im Bereich der Pflanzenforschung macht man erstaunliche Feststellungen, was das Reaktionsvermögen der Pflanzen anbelangt. Die Pflanzen wurden an Meßgeräte angeschlossen und dann verschiedenen Einflüssen ausgesetzt. Es stellte sich heraus, daß die Pflanzen sich auf ihren Pfleger einstellen und selbst über größere Entfernungen mit dieser Person Kontakt aufnehmen können. Droht Gefahr, so steht der Zeiger des Meßgerätes im negativen Bereich, die Pflanzen stellen sich tot. Wenn ihnen regelmäßig von ein und derselben Person Schaden zugefügt wird, dann tritt diese Reaktion sofort ein, sobald sich diese in die Nähe der Pflanzen begibt. Entfernt sie sich, so steht der Zeiger im normalen Empfindungsbereich.

Hier stellt sich die Frage, wie solch ein Reaktionsvermögen möglich ist, ohne daß Empfindungsnerven oder Sinnesorgane vorhanden sind.

Die Forschung ging weiter. Man fand heraus, daß die Pflanzen sogar reagieren, wenn ihre Informationszentren ausgeschaltet sind. Der Informationsaustausch zwischen Mensch und Pflanze geht sogar über den Bereich energetischer Strahlen und Wellen hinaus.

Reaktionstests wurden mit Metallen durchgeführt, und das Ergebnis war, daß kein Unterschied zwischen Organischem und Anorganischem festgestellt werden konnte, denn die Metalle zeigten unter bestimmten Umständen Ermüdungserscheinungen, die den Reaktionskurven menschlicher Muskeln ähnelten.

Die Wissenschaft geht heute sogar soweit, daß sie annimmt, daß Einzeller eine Art vollkommenes Gehirn besitzen.

Daraus erklärt sich die Reaktionsfähigkeit der Pflanzen. Dieses Phänomen der Informationsaufnahme, welche den Pflanzen eigen ist, ist dem Menschen im Verlauf der Jahrmillionen nicht mehr bewußt, zumindest nicht, solange dieser keinen Kontakt mit seinem Unbewußten erlangt.

Dies mag vielen Menschen wohl nicht bekannt sein, sonst gingen sie sicherlich nicht so achtlos an den Pflanzen vorüber. Vielleicht sollten sie sich einmal die Frage stellen: “Sind die Pflanzen tatsächlich so stumm, wie ich sie empfinde, oder sprechen sie vielleicht nur eine andere Sprache?”

Nun, ich denke, das sollte jeder, der sich mit Pflanzen beschäftigt, selbst herausfinden, und wenn er es feststellt, dann besteht da noch die Möglichkeit, diese Sprache zu erlernen.

Vorwort

I. Hexisches von damals und heute

Schwarz hoben sich die kahlen, ungewöhnlich verzweigten Bäume im silbernen Mondlicht ab. Nebel lag wie ein Schleier über dem stillen, fast erstarrten Gehölz, und ein leichter, ja kaum spürbarer Wind, wie ein flüsternder Hauch, bewegte die grobgezackten Blätter. Mal roch es nach Moder, mal seltsam verführerisch nach Blumen, die wohl wunderbar sein mußten; so nah und doch so fern knirschte, knarrte es. Flüsternde Stimmen, Wispern, leise, ganz leise ein Kichern...

Endlos schien der Wald zu sein, und der Gang hindurch ließ die Zeit verstreichen. Da, zwischen den schwarzen Bäumen, ist der erste Schimmer der Morgendämmerung zu erkennen. Der Wald lichtet sich, und die Stämme und Blätter nehmen Farbe an. Das Moos unter den Füßen gleicht einem wunderbar weichen Teppich. Seltsame Pflanzen, kleines Kraut, Sträucher und Büsche mit hübschen Blüten und Beeren wachsen unter dem lichten Laubwerk der Bäume, und die Luft ist erfüllt von süßem, würzigem Duft.

In einer kleinen Lichtung, umgeben von riesigen Tannen, steht ein kleines Haus, dessen Mauerwerk recht alt zu sein scheint, doch Ruhe und Wärme ausstrahlt. Der kleine Garten vor dem Haus mit ebensolchem und noch anderem seltsamen Kraut, ähnlich wie das unter den Bäumen, ist sorgsam angelegt. Ja, und auch das Haus sieht trotz seines Alters gepflegt und wohnlich aus. Weit und breit ist keine Menschenseele zu sehen, noch zu hören. Nur auf dem Schuppen neben dem Haus liegt scheinbar dösend eine Katze und läßt sich ihr seidig glänzendes Fell von den ersten Sonnenstrahlen wärmen. Doch ihren wachen, aufmerksamen Augen entgeht keine Bewegung.

Neugierige wagen zaghaft einen Blick durch die kleinen blitzblanken Fensterscheiben. Gemütlich und hübsch eingerichtet sieht es darin aus. Mit einem großen Herd ganz links in der Ecke und vielen Regalen und Fächern an den Wänden, auf denen unzählig viele Töpfe und Tiegel stehen. Die Decke ist vollgehängt von sorgfältig in Büscheln zusammengetragenem Grün, von dem ein Duft von Würze ausgeht. Wie magnetisch angezogen wandert der Blick zu den gut verschlossenen Gefäßen und Gläsern, welche in den Regalen aufgestellt sind. Doch das Halbdunkel des Raumes läßt nichts erkennen. Aber was mag wohl all dieses Porzellan, Glas und auch Ton, was mag es wohl enthalten?

Um die Pflanzen in diesem Buch zu verstehen, sollten wir auch die Hexen kennen, die die Kräfte und Wirksamkeit der Mittel kennen und nutzen. Die Hexen, wie immer sie auch gesehen wurden und werden, und was sie heute sind.

Bei vielen tritt im Zusammenhang mit dem Wort Hexe gleich das Bild einer Märchenfigur auf, die mit undefinierbaren und oft widerlichen Essenzen ein Gemisch herstellt. Sie wird als Kräuterweibchen gesehen, den Menschen helfend mit ihren heilenden Kräutern und Mittelchen, oder als böse Hexe, nur darauf bedacht, ihren Schabernack zu treiben, als Verbündete des Teufels. Man sieht sie schwarzmagische Rituale durchführen, Haß, Feindschaft, Krankheit und Tod bringen. Diese Auffassung bildete einst den Nährboden für die unzähligen Opfer, die dem Wahn der Hexenverfolgung im Mittelalter unterlagen.

Viele Menschen, besonders Frauen - die man für schwach, empfänglich für äußere Einflüsse und wankelmütig hielt und somit sehr stark gefährdet, der Besessenheit zu erliegen - wurden einfach zu Hexen gemacht. Gerüchte genügten, um jemanden auf den Scheiterhaufen zu bringen. Dies war eine praktische Lösung, um all diejenigen loszuwerden, die unbequem waren. Ungewöhnliche Zufälle oder zuviel Erfolg waren oft schon die Auslöser. Es war der Neid der Mitmenschen, die sie zu Hexen machten.

Die christliche Kirche vergiftete die Menschen, verbreitete Gerüchte, die Menschheit sei bevölkert von den Abgesandten des Teufels, und übergab den Richtern und Anklägern das Verfolgungsrecht.

All die, die in irgendeiner Weise aus dem Rahmen der Gesellschaft fielen, wurden des Unglaubens, der Zauberei und der Giftmischerei bezichtigt.

Nur rund 800 Jahre konnte sich nach der Einführung des Christentums die Vorstellung von weißer Magie unangetastet halten. Danach begann der Wahn der Hexenverfolgung, und im Jahre 1275 wurden in der französischen Stadt Toulouse die ersten Scheiterhaufen angezündet. Der Schrecken breitete sich über ganz Europa aus. Den verdächtigen Personen wurde durch grausamste Folter das Geständnis, mit dem Teufel im Bunde zu stehen, aus dem Leibe gepreßt. Oder man bediente sich hinterhältiger Tricks, indem man den Betroffenen versprach, sobald sie ein Geständnis ablegten, sie von der Folter zu verschonen. Wie auch immer, die Verdächtigten waren grundsätzlich schuldig.

Erst im Jahre 1736 wurde das Schlachten offiziell eingestellt.

Der Hexenwahn des Mittelalters gründete sich auf einer verschwommenen Vorstellung von heidnischen Riten, Aberglauben und Angst vor Zauberei und Magie, Kräfte, die das allgemeine Volk nicht verstand und somit ablehnte und in Panik geriet. Die existierenden Hexenzirkel wurden durch die Verfolgung nur zum Teil entdeckt. Wie auch viele andere, so lebten die Hexen von Lancashire, Somerset und Aberdeen in organisierten, oft weit verbreiteten Zirkeln. Und trotz grausamster Verhöre verblieb das Wesen der Hexenkulte im Dunkeln als ein Phantasiegebilde der Menschen.

Die »echten« Hexen hatten mit all den Vorstellungen nichts zu tun. Weit entfernt lag ihnen der Gedanke, Schreckenstaten zu begehen.

Der eigentliche Hexenkult war ein Fruchtbarkeitsritus. Die Ägyptologin Dr. Margaret Murray (Autorin der beiden Bücher »The Witch Cult in Western Europe (1921)« und »The God of the Witches«) war der Meinung, die Hexen verehrten den heidnischen Fruchtbarkeitsgott der Antike, den Gott Cernunnos. Dieser Ritus wurde angeblich über Jahrhunderte beibehalten. Obwohl es Parallelen zu anderen Forschungsergebnissen gab, blieb dieser Punkt umstritten.

Die Hexen waren größtenteils Frauen, die sich mit den Kräften der Natur und der Elemente auskannten. Sie konnten Wind und Wetter lenken, die Fruchtbarkeit beim Menschen beeinflussen und aus den Sternen die Zukunft lesen. Sie verfügten über ein enormes Wissen von der Wirksamkeit heilender Pflanzen und erzielten damit Erfolge, welche die medizinischen Praktiken weit überboten.

Doch gerade aus diesen Gründen wurden sie als Quacksalber oder Giftmischerinnen verpönt. Denn in ihren Gärten wuchsen neben den heilbringenden Pflanzen auch welche, die sehr giftig waren. Dies nahm man als Beweis für ihre “schändlichen” Praktiken und vermutete, daß sie vom Verkauf ihrer Giftmischungen und narkotisierenden Mittel ihren Lebensunterhalt bestritten. Und daß sie so zu guter Letzt die Menschen manipulierten und Krankheit und Unzucht verbreiteten. Die Völker fanden in den Hexen ihre »schwarzen Schafe«, welche zur Erklärung übersinnlicher und unverständlicher Kräfte herhalten mußten.

I. Hexisches von damals und heute

Als am Anfang des 19. Jahrhunderts immer mehr Fabriken aus dem Boden ragten und Technik und Erfindungen neuer maschineller Gerätschaften die Bevölkerung erstaunte, verlor durch diese Modernisierung die ländliche Magie viele ihrer Vertreter.

Nach und nach entsagte man dem »Aberglauben«. Doch Ende des 19. Jahrhunderts wurde der Hexenkult wiedergeboren, betrachtet in einem völlig neuen Licht.

So wie sich vorher hauptsächlich die ländliche Bevölkerung mit Hexenkunde und Zauberei befaßte, begann nun die Mittelschicht Interesse zu zeigen. Amerika wurde regelrecht von einer spiritistischen Welle überrollt, welche sich sodann auf Europa übertrug.

Gerald Gardner, ein begeisterter Amateur-Archäologe, trug im wesentlichen zur Wiedergeburt der Hexenkulte, speziell des Wicca-Zirkels, von dessen Tradition er in seinem Buch »High Magic's Aid« (1949) berichtete, bei.

Gardner, der Begründer und Wiederentdecker des Wicca-Zirkels wurde auch stark von den Schriften Aleister Crowleys und Margaret Murrays inspiriert und übertrug teilweise deren Rituale und Riten auf sein System.

Weitere Bücher erschienen: »Witchcraft today« (1954) und »The Meaning of Witchcraft« (1949) übten enormen Einfluß auf die Öffentlichkeit aus. Viele seiner Riten und Zeremonien bezog er aus öffentlichen Quellen. Auch wenn viele Leute der Meinung waren, Gardner habe Wicca nur erfunden, so verminderte dies noch keineswegs seinen Erfolg. Immer wieder erwähnte und beschrieb er die Hexen als ganz normale Leute, zu finden als Hausfrauen, Beamte, Arbeiter, Leute, die ganz gewöhnlichen Tätigkeiten nachgingen. Sein Einfluß auf die Öffentlichkeit war so groß, daß selbst nach seinem Tode das Interesse an den Hexenkulten weiterhin wuchs.

Besonders in Amerika und England breitete sich der Wicca-Kult aus. Eine neue Bewegung oder, wenn man so will, eine neue Religion entstand. Weit entfernt vom Besenstiel und der Alten mit der Warze auf der Nase, die, des nachts durch die Wälder streifend, undefinierbare Kräuter sammelt.

Doch all diese alten Geschichten und Legenden sollten nicht vergessen werden. Denn auch sie gehören zur Entwicklung des Hexenkultes, so wie er heute besteht.

Durch die phantastischen Geschichten zieht sich der starke Bezug zur Natur wie ein roter Faden hindurch. Und wie früher bedienen sich heute die Hexen der Wirksamkeit der Kräuter und Drogen, die sie für ihre Kunst als Heil- und Beschwörungsmittel benutzen.

II. Drogen in der Hexenküche

Auf das Thema Drogen, so machte ich die Erfahrung, reagierten viele Leute leicht gereizt. Drogen sind, so waren die Argumente, gefährliche Gifte. Zweifellos sollte man einen Satz nicht vergessen: "Nimm Alraune, Bilsenkraut oder Stechapfel, so viel, wie du brauchst für Tod, so viel, wie du brauchst für Rausch, so viel wie du brauchst zum Heilen!"

In diesem Kapitel beschäftigen wir uns mit den Drogen, welche der Gruppe der Halluzinogene angehören.

Halluzinogene oder Psychotomimetika wirken in spezifischer Weise auf tiefliegende Bewußtseinsschichten, führen zu seelischen Veränderungen und beeinflussen das Erleben von Zeit und Raum. Sie steigern das Empfinden von Körper und Geist, wobei das Bewußtsein klar erhalten bleibt.

Mit diesen Mitteln erleben wir andere Welten, Traumwelten, Bilder aus der Psyche (der Begriff Psychotomimetika wird für uns verständlicher, wenn wir bedenken: Mimen bedeutet nachahmen, also wir ahmen die Psyche nach) und diese oft noch viel intensiver leuchtend als die gewöhnliche Welt.

Gegenstände bekommen ihr Eigenleben, Farben fangen an zu strahlen und werden kräftiger. Die Rauschvision ist wie eine Geschichte der eigenen Psyche. Erkenntnisse der Relativität der Bezugssysteme werden erfahren und die gesellschaftlichen Denk- und Verhaltensmuster gesprengt. Timothy Leary, der sich jahrelang mit der Wirksamkeit der Drogen beschäftigte, schreibt diesen bewußtseinsverändernde Wirkungen zu. Drogen beeinflussen die Schaltungen im menschlichen Nervensystem, wodurch andere Bewußtseinszustände erlebt werden. In seinem System der »Schaltkreise des menschlichen Nervensystems« beschreibt er die Befreiung von dem normalen, angelernten Weltbild und stellt die Komplexität der Erfahrungsmöglichkeiten dar.

Ich möchte in bezug auf die Drogen mit meinem Buch mehr im Rahmen des "allgemeinen Hausgebrauchs" bleiben.

Die Drogen, mit denen wir uns hier beschäftigen, gehören in die Gruppe der Nachtschattengewächse oder Solanin-Drogen.

Zu der Gruppe der Nachtschattengewächse gehören u.a. auch eine Reihe von Nahrungsmitteln wie Kartoffeln, Tomaten, Auberginen und Paprika. Die Menschen standen seit eh und je den Pflanzen dieser Gattung mißtrauisch gegenüber. Es dauerte rund 200 Jahre, bis die von den Spaniern aus Peru und Chile gebrachte Kartoffel als Nahrungsmittel verwendet wurde. Niemand traute sich vorher, diese Knollen zu essen. Denn keiner konnte sich vorstellen, daß eine solche Pflanze mit so unheimlichen Verwandten eßbar sein konnte. Tatsächlich sind auch nur die Knollen genießbar. Das Kraut, die Blüten und Früchte enthalten gefährliche Gifte.

Die wichtigsten chemischen Bestandteile der Nachtschattengewächse sind das Atropin und das Scopolamin. Das Atropin, eine bitterschmeckende Substanz, wirkt erregend auf das Zentralnervensystem, wohingegen Scopolamin eine mehr dämpfende Wirkung hat.

Die Wirkung des Atropin läßt sich besonders an den Augen feststellen, denn die Pupillen erweitern sich sehr stark. Bei hohen Dosen wirkt die Substanz weiter auf den Kreislauf ein. Das Herz beginnt sehr schnell zu schlagen. Scopolamin führt zu einem halbwachen Zustand, wobei die Willenskraft stark beeinträchtigt wird. Denk- und Sprachfähigkeit bleiben jedoch voll erhalten. Der Berauschte agiert wie unter Hypnose gesetzt und beantwortet ungehemmt alle ihm gestellten Fragen. So bekam das Scopolamin seinen Namen als »Wahrheitsserum«.

Scopolamin enthaltende Substanzen wurden häufig für Liebeszauber benutzt, denn es aktiviert in einer bestimmten Konzentration verborgene sexuelle Wünsche.

Die Alraune

Die bekannteste und berühmteste unter den Zauberpflanzen ist die Alraune. Unendlich viele Geschichten berichten von dieser geheimnisvollen Pflanze. Auch in Ägypten schien sie bekannt gewesen zu sein, denn auf einer Grabwand der 18. Dynastie findet man bildliche Darstellungen.

Es ist allerdings zweifelhaft, ob sie dort als Zauberpflanze benutzt wurde. Anders in der griechischen Antike, wo sie sich bei Liebeszauber und in Fruchtbarkeitsriten bewährte.

Die Alraune kommt in vielen Geschichten unter anderen Namen vor. Der Geschichtsschreiber Flavius erzählt in seiner »Geschichte des jüdischen Krieges« über die Pflanze »Baara« und später erschien sie in der gleichen Fabel in der griechischen »Tiergeschichte« des Claudius Aeliaus als knospatos (die vom Hund herausgezogene) oder algaophotes (»die glänzend Leuchtende«).

Auch die Bibel berichtet an zwei Stellen von der Mandragora: In Gen. - 14-16, als Ruben dem Sohn Leas, Rahel, die Mandragorafrüchte wegnimmt, um mit deren Kraft die Unfruchtbarkeit zu heilen. An einer anderen Stelle im Lied Solomons VII, 11-13, wo von der in der Dichtkunst viel besungenen jungen Sulamit die Rede ist. Die Sulamit, welche den Liebeszauber der Alraune kannte, lud ihren Geliebten ein, mit ihr an einen Ort in die Natur - da wo die Alraunen ihren Duft verströmen - zu gehen.

Die Urheimat der Alraune ist das heutige Palästina, von wo aus sie nach Ägypten, dann nach Griechenland und dann in die nördlichen Länder gelangte. Doch wer sich heute in unseren Breiten auf die Suche macht, wird diese Pflanze nicht mehr finden. Wer Glück hat, trifft sie vereinzelt in der Schweiz an.

Des Nachts, in der Nähe der Trümmer verfallener Höfe, steht eine Pflanze leuchtend wie ein Stern. Du mußt nun genau diese Stelle markieren, denn bei den ersten Sonnenstrahlen würdest du sie nicht mehr finden. Denn sie wird sich am Tage verstecken.

Am Morgen sodann machst du dich auf zu diesem Ort, den du markiertest, begleitet von einem schwarzen Hund, den du hast einige Tage hungern lassen. Du findest eine Pflanze, deren gelbliche Beeren so groß wie kleine Äpfel sind. Das Blattwerk ist dicht und aus breiten, fleischigen Blättern gebildet. Die Oberseite der Blätter ist gerippt, wie die Haut eines Krokodils. In der Erde steckt die Kraft dieser Pflanze, die Wurzel, welche spindelförmig an den oberen und unteren Seitenteilen gespalten ist und die Gestalt eines Menschen zeigt.

Man sagt, sie ist nicht Mensch noch Pflanze, und jede Berührung bringt den Tod. Nun umstichelst du sie mit einem Spaten, so daß nur noch das letzte Stück der Wurzel in der Erde steckt. Dem Hund legst du einen langen Strick um den Hals und befestigst das andere Ende an der Wurzel. Gehe in sichere Entfernung und biete dem hungrigen Hund ein wohlriechendes Stück Fleisch dar. Dieser, vom Hunger gequält, wird sich sodann auf das Fleisch stürzen wollen, der Strick spannt sich, und er reißt so das letzte Stück der Wurzel heraus. Nun muß er sofort sterben, denn beim Ausreißen der Wurzel stößt die Pflanze einen markdurchdringenden Schrei aus. Begrabe den

Hund sogleich an diesem Ort. Jetzt hat die Pflanze ihr Opfer bekommen und du kannst ungeschadet die Wurzel berühren und deinen Fund nach Hause tragen.

Seit ewiger Zeit wird dieser menschengestaltähnlichen Wurzel heilende Wirkung zugeschrieben. Sie bewährte sich vor allem bei Fallsucht und bei Augenleiden. Mit Wein lösten die alexandrischen Ärzte die wirksamen Bestandteile aus der Wurzel der Alraune und benutzten das Gebräu als Narkotikum.

Selbst als Kriegswaffe wurde sie einst, etwa 200 Jahre v. Chr., von dem karthagischen Feldherrn Maharbal gegen ein trinksüchtiges afrikanisches Volk verwendet.

Der Feldherr Maharbal täuschte einen Scheinrückzug vor und hinterließ ein Weinlager - mit Alraun-Auszügen versetzt - zurück. Die Afrikaner, sich ihres Erfolges sicher, den Feind vertrieben zu haben, betranken sich sogleich. Durch die Wirkung der Alraune wurden sie schläfrig und reaktionsunfähig und konnten dem Angriff der karthagischen Truppen nichts entgegensetzen.

Andere Mythen erzählen von dem »Galgenmännchen«, und es heißt, die Alraunen wachsen unter dem Galgen aus dem Urin und Sperma eines gehängten Diebes. Die Gefahren, die das Ausgraben der Wurzeln mit sich bringt, waren zu groß, um es zu riskieren. So wurde einem jeden geraten, die Wurzel auf den Märkten zu kaufen, wo sie mit viel Geld gehandelt wurde. Die Alraunwurzel machte ihren Besitzer unverwundbar, schenkte Geschicklichkeit in Kriegen und half bei allen Leiden.

Die unheimlichen Berichte von den Ausgrabungen versetzten so manchen in Angst und Schrecken, da der Alraune nachgesagt wurde, sie sei ein bösartiges Lebewesen. Eine vorchristliche Geschichte beschreibt die Alraune als Vorstudie des späteren Menschen. Doch Gott habe sie dann wieder verworfen, als er Adam aus dem roten Erdreich des Paradieses schuf. Dies erklärte auch, daß die Alraune so selten zu finden war, da sie es bevorzugte, in der Nähe des Gartens Eden zu wachsen.

Aber nicht nur hier finden wir die Alraune als ein selbst agierendes Lebewesen. Eine neu erworbene Pflanze soll in Wein gebadet, in weiße Seide gewickelt und mit schwarzem Samt bedeckt werden. Ab jetzt soll sie jeden Tag gebadet und gefüttert werden. Wobei über das, was die Alraune zu essen bekommt, sehr verschiedene Meinungen herrschen. Viele meinen, es genüge, wenn man ihr die Hostie, die man beim Gang zum Altar extra nicht herunterschluckt, reicht, andere bevorzugen das Füttern mit Fastenspeichel, und wiederum andere meinen, die rote Paradieserde sei genau das richtige.

Wie immer die Pflege auch war, wurde diese einmal vergessen oder nur halbherzig ausgeführt, ließ die Wirkungskraft der Wurzel sofort nach und wendete sich manchmal auch gegen ihren Besitzer.

In anderen Kulturen nannte man die Alraune »Drachenpuppe«. Das dänische »drage« bedeutet im deutschen »ziehen« oder »anziehen«. Man kann die Alraune recht gut mit einem Drachen vergleichen, denn wie auch von den Drachen sagt man von der Alraune, daß sie ein Fabelwesen sei, welches, so man es besiegt, unter seine Macht zwingt und große Reichtümer, Glück, Liebe und Fruchtbarkeit (allgemeine Symbole der Alraune als Talisman) erwerben kann.

Bilsenkraut

In der Nähe von Schuttplätzen, verlassenen Bahndämmen, altem, verfallenem Mauerwerk oder ungepflegten Friedhöfen, kann man eine Pflanze von recht unappetitlichem Aussehen finden. Ihre Blüten sind von schmutzigem Gelb, mit einem violett-schwarzem Grund und klebrigen, behaarten Blättern. Diese Pflanze strömt widerliche Dünste aus.

Beim Bilsenkraut können wir, wenn wir die Pflanzen nebeneinander halten, die Verwandschaft mit der Kartoffel feststellen. Das Kraut wirkt durch die seltsame Farbe und die haarigen Blätter fast abstoßend. Seine Ursprungsheimat ist Zentralasien, doch auch die Ägypter kannten das Bilsenkraut, denn es wird im Papyrus Ebers erwähnt.

Apollonius Rhodius Werke (3. Jhd. v. Chr.) »Ovid« und »Homer« erzählen Geschichten über Zaubertränke, die uns zeigen, daß das Bilsenkraut eine wichtige Rolle spielte.

»Herba Appolinaris«, ein anderer Name des Bilsenkrautes, spielte auch eine Rolle bei den Orakeln des Apollo. Die heidnischen Priester und Wahrsager benutzten die Dämpfe des Krautes, um sich in Trance zu versetzen.

In der Sage von der Zauberin Circe wird beschrieben, wie sie die Gefährten des Odysseus in Schweine verwandelte und dabei ein Gebräu aus Bilsenkraut verwendete.

»Hyoskyamos« bedeutet übersetzt so etwas wie Saubohne. Der berühmte deutsche Arzt Otho Brunsfeld (1488 - 1534) stellte fest, daß Schweine Krämpfe bekamen, wenn sie das Kraut fraßen. Noch heute wird das Kraut im Schlesischen Saukraut und in Ostfriesland Schwienekraut genannt.

Auszüge und Dämpfe des Krautes wurden schon im Altertum für Heilzwecke verwendet. Z.B. wurden die Wurzeln in Essig gekocht, und dies Mittel gegen Zahnschmerzen benutzt. Die Samen warf man auf eine Eisenplatte über dem Feuer und atmete dann die Dämpfe ein, um so Schmerzen zu lindern.

Bilsenkraut

Beim Bilsenkraut überwiegt der Wirkstoff Scopolamin, was sich bei der Einnahme in einem schlafähnlichen Rausch zeigt.

Das Kraut wurde, indem man die Dämpfe durch einen Trichter einatmete, als Schlafmittel verwendet. Bräuche, die auch den Schwaben, Böhmen, Slowaken und Huzulen bekannt waren. Im Mittelalter versetzte man das »schwache Bier« mit einem Auszug des Bilsenkrautsamens. In manchen Gegenden wurden Bilsenkrautgärten angelegt, sogenannte Bilsgärten (Bilsensee, Bilsendorf in Deutschland). So erhielt auch die Stadt der Bohemien »Pilsen« ihren Namen. Hier wurden riesige Felder angelegt. Im Jahre 1507 verbot man durch eine Polizeivorschrift aus Eichstätt das Brauen des Bieres mit Bilsenkrautzusatz bei einer Strafe von 5 Gulden. Scheinbar war das Bier den Hütern des Gesetzes zu ekstatisch.

Wir können zwischen 12 - 14 verschiedenen Bilsenkrautarten wählen, wobei jedoch nur 3 Sorten für Heil- und Zauberzwecke verwendet werden können. Das weiße Bilsenkraut, Hyoscyamos albus, das goldene Bilsenkraut, Hyoscyamos aureus, waren ursprünglich in den Mittelmeerländern beheimatet. Diese beiden Arten spielten eine wesentliche Rolle in den Mythen und Geschichten von Zauberern und Orakelpriestern. Hyoscyamos niger, die dritte Art, entstammte aus Gebieten kontinentalen Klimas (rund um das kaspische Meer herum), von wo es nach Dänemark gelangte.

Der Bilsenkrautsamen besitzt die Fähigkeit, noch nach jahrhundertelanger Lagerung keimfähig zu sein. Der Medizinhistoriker Jens Lind (1874 - 1939) stellte dies anhand von Funden aus der Stein- und Bronzezeit fest. Gehen wir noch einmal in die Vergangenheit zurück, zu denen, die ihren Schabernack mit dem Bilsenkraut trieben. Das Kraut war das »Handwerkszeug der Diebe«, die ihre Opfer in einen Rausch versetzten und sich dann nahmen, was sie wollten. Nun wurde das Bilsenkraut nicht zu unrecht das Kraut des Vergessens genannt, welches ein weiterer Vorteil für diejenigen war, die einem solchen »Beruf« nachgingen.

Bilsenkraut, Bilsenkraus, zieh dem da die Taschen aus
Hab' grad noch neb' dem gesessen
Hat der doch gleich vergessen.

Tollkirsche

Der Tollkirsche gelingt ihre Tarnung am vortrefflichsten. Diese unscheinbare, etwa 1m hohe Staude versteckt sich unter dem Dickicht an den Wegrändern oder in dunklen Auen. Die ästigen Stengel sind sehr kräftig, die Blätter eiförmig, und die glockenförmigen Blüten sind von dunkel-violettfarbenem Ton. Die schwarzen Beeren können leicht mit Schwarzkirschen verwechselt werden.

Alle Teile der Tollkirsche, von der Wurzelspitze bis zu den Beeren, sind sehr giftig. Der Hauptbestandteil ist das hochgiftige Atropin.

Die Atropintoleranz schwankt jedoch sehr stark. Aus dem Jahre 1933 waren z.B. zwei Vergiftungsfälle bekannt, wobei der eine 87,5 mg und der andere sogar eine 500mg Atropindosis überlebte. In anderen Fällen brachte ein Bruchteil dieser Mengen den Tod.

Bei einer Vergiftung tritt zuerst eine Rötung der Haut ein. Der Mund wird trocken, die Pupillen erweitern sich stark und das Herz beginnt schneller zu schlagen. Der Vergiftete wird unruhig, unaufmerksam und wirr. Er führt Selbstgespräche und bewegt sich infolge von Illusionen und Halluzinationen abnormal.

Bei Massenvergiftungen ist das Nachahmen ein deutliches Kennzeichen des Rausches; die Betroffenen verhalten sich völlig ungehemmt. Nach diesen ersten Erregungszuständen wird das Bewußtsein getrübt, und der Berauschte fällt anschließend in einen tiefen Schlaf. Ist der Rausch vorbei, so kann er sich an nichts mehr oder höchstens noch an Bruchteile erinnern.

In vielen Schriften finden wir Bezeichnungen, die deutlich den Ruf der Pflanze darstellen. Man nannte sie die Rasende, Verhängnisvolle, Todbringende, Verzaubernde oder Schlafbringende, wie auch Hexenbeere und Mörderbeere. Von dem botanischen Namen Atropa Belladonna, leitet sich der Name der griechischen Schicksalsgöttin Atropos, die Unbeugsame ab, die den Lebensfaden mit einer Schere (an deren Stelle häufig ein Tollkirschzweig stand) durchschnitt.

Schönheitssüchtige Italienerinnen träufelten sich Tollkirschensaft in die Augen, um den Effekt der erweiterten Pupillen zu erreichen. Die Augen wirkten dadurch verträumt, verführerisch und anziehend auf das andere Geschlecht. Diese Geschichte findet sich im Namen wieder: Bella-Donna, schöne Frau. Andere Schriften sagen, die Tollkirsche ist das Kraut der »guten, schönen Frauen«, das Kraut der »weisen Frauen«, der Heilerinnen und der Hexen.

Die Römer meinten, daß die Pflanze der Göttin »Bellona« geweiht war, deren Priester bei den Zeremonien Tollkirschensaft tranken. Der Name wurde dann mit dem Einbruch des Christentums verfälscht, denn die Göttin geriet in Vergessenheit, und so entstand aus »Bellonas Kraut«, der Name Belladonna.

In den dionysischen Orgien wird von den Menaden berichtet, die sich mit weit aufgerissenen Augen in die Arme der Gottesverehrer warfen und sich ein andermal auf sie stürzten, um sie mit wild glühenden Blicken zu verschlingen.

Die Vergiftung durch Tollkirschensaft ist sehr auffällig, was der Grund ist, weshalb der Saft so selten für Giftmorde verwendet wurde. Dafür aber benutzte man den Saft häufig für Hexen- und Flugsalben vor allem in Deutschland und in Frankreich. Die Hexen pflanzten die Tollkirsche oft selbst in ihren Gärten an. Sie setzten die schwerkeimenden Samen in gut gedüngte, leicht kreidehaltige Erde und grenzten das Beet gut ab, so daß sich niemand aus Versehen vergiften konnte.

Der Stechapfel stammt ursprünglich aus den Balkanländern, Südrußland, und auch in Österreich wurde er gefunden. Den Datura Stramonium (botanischer Name), eine europäische Gattung, treffen wir noch ganz vereinzelt auf Müllhalden oder Schuttplätzen an.

Stechapfel

Der Stechapfel verdankt seinen Namen den stacheligen, walnußgroßen Früchten. Die Blüten sind weiß und haben eine trichterförmige Gestalt. Seine gezackten Blätter verströmen einen betäubenden Geruch, der allerdings nicht zu Vergiftungen führen kann. Die Samen sind, solange die Frucht noch nicht reif ist, süß und schmackhaft, was oft zu tödlichen Vergiftungen, vor allem bei Kindern, die diese verlockende Frucht probierten, führt. Der Begriff »datura« ist von dem Sanskritwort »dhat« abgeleitet und bedeutet »Gift«.

Unsere als »europäisch« bezeichnete Gattung gelangte höchstwahrscheinlich, wobei es verschiedene Meinungen gibt, auch irgendwann aus den südlichen Ländern nach Europa. Manche Schriften besagen, daß sich in früheren Zeiten die Frucht in Fellen von Tieren verfing und so über die Grenzen getragen wurde. Andere sagen, die Zigeuner seien es gewesen, die den Stechapfel mitbrachten. Auch diese Aussage wurde nie näher untersucht. Wir wissen nur, daß die Zigeuner ungefähr zur selben Zeit wie auch der Stechapfel nach Europa kamen. Der Stechapfel verbreitete sich schließlich über die ganze Welt, und wir finden ihn in vielen Kulturen, Mythen und Hexenkulten.

Die Eingeborenen in den südamerikanischen Anden verwendeten bei ihren Riten »Tonga«. Durch ein Getränk aus Stechapfel, hergestellt mit »Tonga«, dessen Genuß Visionen verursachte, sahen sie die Geister ihrer Vorfahren, mit denen sie sodann kommunizierten. In Mexiko wurde Toloachie (eine dort beheimatete Stechapfelart) als Tee getrunken oder dem Zigarettentabak beigemischt. Auch bei den altindischen Priestern gehörte der Stechapfelgenuß zum Wesen des Rituals, wenn sie die Götter beschworen und mit ihnen verkehrten. In Rußland mischten die Kurjäken Stechapfelsamen in ihr Bier, dessen ständiger Genuß auf Dauer allerdings gesundheitsschädlich war.

Aber auch die Medizin nutzt die Wirkung dieser Samen. Angeblich lindert der Genuß von Stechapfel Asthmaleiden. In Indien rauchen Asthmakranke Zigaretten mit einem Zusatz von den Wurzeln und Samen der Droge. Der stetige Genuß der Datura Stramonium führt jedoch nach einer Weile zu einer leichten Verblödung, die sich dann in einer Art Schwerhörigkeit und Reizbarkeit äußert. Die Yaqui-Indianer nannten solche Opfer »lebende Leichen«. Sie waren der Meinung, daß der Geist gestorben sei und jetzt nur noch der Körper weiterleben würde. Die Kranken selber waren sich ihrer Lage überhaupt nicht bewußt und gingen langsam ihren Weg in den Tod.

Stechapfelberauschte verhalten sich im Gegensatz zu Alkoholberauschten nie gewalttätig. Sie haben vielmehr allerhand dummes Zeug im Kopf, blödeln herum und äffen sich gegenseitig nach. Dies zeigt uns auch eine Geschichte aus den Jahren 37 und 38. Im Kampf der Parther gegen römische Legionen, als die Truppen des Antonius zum Rückzug gezwungen wurden und sie sich wegen Nahrungsmangel von den dort wachsenden Kräutern und Wurzeln ernähren mußten, verzehrten die Ahnungslosen schließlich auch die Wurzeln des Stechapfels und vergaßen anschließend alles, was sie waren, wer sie waren und wo sie waren. In diesem Zustand wendete einer der Soldaten einen Felsstein, und die anderen ahmten ihn nach. Nach dem Rausch wußte keiner mehr, was er getan hatte. Bei den indischen Kaliriten (Kali ist die Göttin der Fruchtbarkeit und des Todes) wurde denjenigen, die der Göttin geopfert werden sollten, ein starker Trank aus Stechapfel eingeflößt, und die Glaubensmitglieder, welche ebenfalls ein ähnliches Gebräu zu sich nahmen, gerieten in den Zustand der Besessenheit, in dem sie schließlich das Opfer töteten.

Nach Meinung einiger Wissenschaftler ist die hinduistische Göttin Kali mit der griechischen Ior gleichzusetzen, in deren Kulten sich ihre Verehrer mit Hilfe von Stechapfelgetränken in Ekstase versetzten.

Schon in alten Zeiten benutzten die Indianer den Stechapfel für Bezauberungen, Verkehr mit Geistern oder zur Tierverwandlung. Ein Bericht von einem Schamanen erzählt von einem Hexenmeister, der mit dieser Droge sein Unwesen trieb. Dieser Hexenmeister versuchte, die Indianer mit dem Saft der Droge zu beeinflussen, so daß sie ihm folgten. Nach dem Genuß dieses Getränks überkam diese Berauschten der Wunsch zu fliegen und sie kletterten auf hohe Felsen, von denen sie herunterspringen wollten. In diesem Zustand hielt er sie sodann zurück, und sie sahen in ihm den Bringer des Lebens, der sie vor dem Tod geschützt hatte. Sie waren von ihm als Meister überzeugt und nahmen seinen Kult an. Andere Indianerstämme benutzten den Stechapfel für ihre Initiationsriten, doch mit der Zeit wurde der Gebrauch dieser Droge vom Peyote-Kaktus abgelöst.

Obwohl immer wieder vor dem Gebrauch der Datura Stramonium gewarnt wurde, war sie aus vielen Liebesrezepten einfach nicht herauszudenken. Der Berauschte läßt in diesem Zustand alles mit sich machen und folgt hemmungslos versteckten Gelüsten, kann sich allerdings, sobald der Rausch vorbei ist, an nichts mehr erinnern.

Schierling

Diese hochgiftige Droge, Conium Maculatum, wurde, so vermutet man, von Mönchen und Nonnen aus ihrem Herkunftsgebiet Mitteleuropa in den Norden gebracht. Diese Vermutung bestätigt sich dadurch, daß der Schierling häufig in der Nähe von Klosterruinen gefunden wird. Die Nonnen und Mönche, so heißt es, benutzten den Schierling als Keuschheitsmittel, denn, so heißt es weiter: “Im Mörser zerstoßener Schierling, auf den Hoden gestrichen, verhindert bei sexuellen Träumen den Samenerguß”.

Andere Quellen besagen: Die Wikinger brachten den Samen des Schierlings von ihren Zügen in den Norden und Westen mit. Sie hatten in den Ländern den Heilern zugeschaut, wie sie vor schmerzhaften Behandlungen ihre Patienten mit Schierlingssaft einrieben, um diese zu betäuben.

Der Saft des Schierlings, auf die Brust aufgetragen, verhindert den Milchfluß, so daß die Brust sich nicht vergrößern kann. Dies bestätigte auch Simon Paulli in seiner »Flora Danica«, in der er schrieb: “Mädchenbrüste, die mit Schierlingssaft eingerieben werden, wachsen nicht weiter, sondern bleiben angemessen klein und verändern ihre Form nie mehr.”

Der in Dänemark wildwachsende Schierling gehört zu der Familie der Doldengewächse. Die Pflanze kann eine Größe von 1,25m erreichen, an ihren hohlen und glatten Stengeln hängen große, weiße Dolden. Im Gegensatz zu dem Wasserschierling, glänzen die Stengel des einfachen Schierlings und der untere Teil ist mit roten Flecken bedeckt.

Am bekanntesten ist wohl die Geschichte von dem berühmten Philosophen Sokrates und dem Schierlingsbecher. Sokrates nahm den Becher, der ihm gereicht wurde und fragte, was er tun solle. Er bekam die Antwort: "Leere den Becher und gehe umher, bis deine Beine schwer werden, dann lege dich hin und laß das Gift wirken." Sokrates tat dies. Langsam stieg das Gift in seinem Körper auf und zuerst wurden die Füße und dann die Beine taub und kalt, und als das Gift die Hüften gefühllos gemacht hatte, sprach er seine letzten Worte: "Kriton, ich schulde Asklepius noch einen Hahn. Vergiß bitte nicht, die Schuld zu begleichen." Kriton versprach es ihm und fragte, ob er noch etwas anderes zu erledigen habe, doch Sokrates antwortete ihm nicht mehr. Bald darauf durchfuhr ein Zittern seinen Körper, und seine Augen wurden starr.

Im antiken Griechenland war der Schierling der Mondgöttin Hekate geweiht. Sie ist die Schutzherrin der Unterwelt und als Gefährtin der Demeter und der Persephone gab sie Weisheit und Ratschläge. Die Hexen, so erzählte man, bedienten sich des Schierlingssaftes, indem sie Körner mit diesem tränkten und diese dann den Hühnern vorwarfen. Die Hühner waren sodann von der Droge berauscht, und man konnte sie mit bloßen Händen fangen. Ähnlich war es mit den Zigeunern, die keiner gerne in der Nähe seiner Stallungen sah.

Den Hexen trug man nach, daß sie nachts in die Häuser schlichen und das Glied der Männer mit Schierlingssaft bestrichen, um sie so ihrer Manneskraft zu berauben. Eine sehr häufige Anwendungsart war das Beimischen des Schierlingssaftes in Salben, die den Flug zum Sabbat ermöglichten. Durch spätere Experimente stellte man fest, daß das Gift, an bestimmten Körperteilen aufgetragen, ein Gefühl des Fliegens vermittelt.

Der Wasserschierling oder Giftschierling, Giftbarterich, Wüterich oder Scherte ist im Gegensatz zu dem gefleckten Schierling in Mitteleuropa heimisch. In seinen Stengeln und Wurzeln verbirgt sich der Stoff Cicutoxin. Dieses Cicutoxin besitzt eine sehr stark narkotisierende Wirkung, welche rasch zum Tode führt. Die Vergiftungserscheinungen äußern sich zuerst in Schluckbeschwerden, Atemnot, Sprechbeschwerden, Schwindel, und führen dann zu epileptischen Krämpfen, Bewußtlosigkeit und schließlich zum Tod. Bei den ersten Vergiftungserscheinungen können wir starken Kaffee, der zum Erbrechen führt, als Gegenmittel einsetzen.

Der Wasserschierling liebt feuchte Böden und ist in Gräben, an Teichen, Torftümpeln oder auf sumpfigen Wiesen zu finden, er blüht zwischen Juli und August.

Das blühende Kraut und Teile der Wurzel werden für Heilzwecke verwendet. Die Homöopathie benutzt stark verdünnte Substanzen des Wasserschierlings bei Psychosen, Neuralgien und Hysterie, bei Krämpfen und speziellen Erkrankungen der Haut. Experimente ergaben, daß die Wirkstoffe dieser Pflanze besonders Gehirn, Rückenmark und Verdauungsorgane beeinflussen.

Allgemein ist wenig von dieser Pflanze bekannt, da sie und ihre unheimlichen Verwandten von den Menschen meist gemieden wurde, nur Kröten lieben seine Gegenwart, denn sie nehmen sein Gift auf.

Mutterkorn

Eine seltsame Krankheit befiel den Menschen im frühen Mittelalter. Dem Erkrankten fielen aus unerklärlichen Gründen Finger, Hände und Füße ab. Diese unheimliche Krankheit, die den Menschen die Glieder abbrannte, nannten sie Sankt Antonius-Feuer. Niemand konnte sich erklären, wie diese Krankheit entstand. Ganze Dörfer wurden von dieser Krankheit befallen.

Erst später stellten die Menschen fest, daß die Krankheit von einem Pilz, der im Roggenkorn schmarotzt, die Ursache dafür war. Es handelte sich um eine Art Schlauchpilz, der unter bestimmten Witterungseinflüssen zu gedeihen beginnt. Voraussetzung dafür ist ein verregnetes Frühjahr und ein windiger Sommer, der die Sporen des Pilzes über das Feld verteilt. Die Zeit der Ernte mußte feucht sein, damit sich der Pilz in die Pflanze einnisten konnte. Der Pilz sonderte einen süßen, gelben Schleim ab, der nach einer Weile jedoch wieder verschwand. Die befallene Pflanze, auf welcher er schmarotzte, wuchs nun nicht mehr weiter und wurde mehr und mehr von dem Pilz befallen. Die befallenen Ähren unterscheiden sich nur durch vereinzelte, gräulich, purpurfarbene Auswüchse von den Gesunden. Dies war auch wohl einer der Gründe, weshalb die Menschen so spät die Ursache dieser sonderbaren Krankheit erkannten.

Vor ein paar Jahrhunderten ernährten sich die Europäer hauptsächlich von Roggen, welcher mit den Wandalen und Westgoten nach Deutschland und Frankreich gelangte. Mit der Zeit lernten die Leute den Unterschied zwischen gesundem und verdorbenem Korn, welches sich leicht rötlich färbte und mager und mißgestaltet aussah, kennen. Den Kindern erzählte man, daß in dem Korn der Wolf stecke, der sie, wenn sie davon aßen, in Stücke riß.

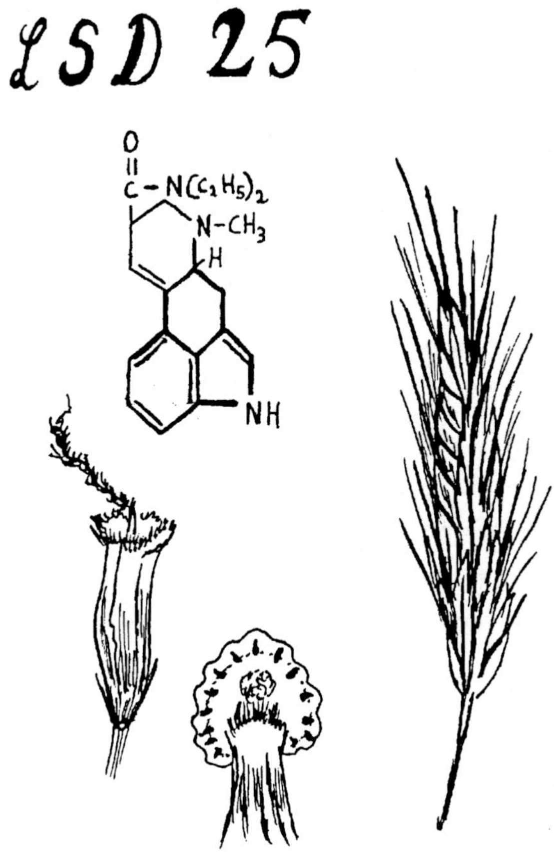

Mutterkorn und LSD 25

Der Pilz selber hat sowohl vernichtende als auch nutzbringende Eigenschaften. Eine Vergiftung führt als erstes zu leichtem Kribbeln in den Gliedmaßen, dann zu Mattheit und Rückenschmerzen bis hin zur Benommenheit. Hitze und Kälteanfälle durchströmen den Körper und die Haut beginnt, sich gelb zu färben, dann werden die Füße bis hin zu den Knien, wie auch die Finger und Hände, kohlrabenschwarz und sterben schließlich ab.

Die Mutterkornvergiftungen, die sich ähnlich wie Epilepsien äußern, treten oft chronisch auf. Der Befallene leidet unter Krämpfen in den Gliedmaßen und die Muskeln arbeiten völlig unkontrolliert. Die Hände sind oft zu Fäusten geballt, die Zunge hängt aus dem Mund und das ganze Gesicht ist völlig verzerrt. Diese Anfälle kehren häufig täglich und das wochen- und monatelang wieder. Sie dauern dann manchmal mehrere Stunden lang. Diese Krankheit unterscheidet sich von der Epilepsien nur dadurch, daß der Betroffene während der Anfälle das Bewußtsein behält.

Doktor Samuel Sewal berichtete aus dem Jahre 1691 aus Salem Massachusetts über die Auswirkungen einer Mutterkornvergiftung.

Die Einwohner wurden nacheinander davon befallen, redeten nur noch wirres Zeug und bekamen krampfartige Anfälle. Wie sich herausstellte, waren die Mädchen der Stadt am schlimmsten der Vergiftung ausgeliefert und hatten, wie sie sagten, Visionen vom Teufel gehabt. Nun vermutete das aufgebrachte Volk, die Mädchen seien durch einen üblen Zauber verhext worden und am 11. April 1692 führte man sie vor Gericht und stellte sie angeblichen Hexen gegenüber. Die Mädchen reagierten natürlich sofort panisch und bekamen hysterische Anfälle, die jedoch nachließen, sobald die Hexen sie berührten. Das Volk war sofort überzeugt, daß dahinter ein weiterer Zauber steckte. 19 Menschen wurden sogleich der Hexerei bezichtigt, wobei später ungefähr 150 weitere auf der Anklagebank saßen.

In den letzten 200 Jahren kamen Mutterkornvergiftungen nur noch sehr selten vor, doch im Jahre 1951 in Frankreich, in Pont-St.-Esprit, schlug noch einmal der seltsame Brand zu.

Etwa 3000 Menschen aßen von dem verdorbenen Brot, dessen Reste man den Tieren gab. Nur wenige Stunden später zeigten sich die ersten Auswirkungen, die Katzen rannten wild schreiend durch die Straßen, bis ihre Glieder lahm wurden und sie schließlich starben.

Am nächsten Morgen litten die ersten Menschen an Krämpfen und klagten über ein widerliches Kribbeln, welches ihre Körper durchströmte. Der Atem wurde unkontrolliert und schnell und die Körpertemperatur senkte sich stark. Die stark erweiterten Pupillen begleitet von wirren Äußerungen der Betroffenen zeigte die fortschreitende Vergiftung an. In der folgenden Nacht machte sich eine seltsame Verrücktheit bemerkbar. Die Leute trafen sich draußen und man sah hier und dort im Mondschein sitzende Gruppen in angeregte Gespräche vertieft. Dieser Zustand hielt sich ungefähr eine Woche lang. Danach fing der Horror an.

Nach und nach litten immer mehr Menschen unter extremen Angstzuständen. Sie fühlten sich ständig von irgendetwas bedroht und liefen zum Teil nur noch an den Häuserwänden Deckung suchend entlang.

Einige verkrochen sich in den Häusern, bis sie von panischer Angst befallen ins Freie liefen, da sie dachten, das Haus würde jeden Moment einstürzen. Überall hörte man unkontrollierte Schreie. Eine Frau lief wie gehetzt über die Straße und rief: "Hört ihr, hört her, ich bin tot" und ein anderer: "Mein

Kopf ist aus Kupfer und in meinem Magen sind Schlangen. Sie brennen, sie brennen, sie brennen".

Wieder ein anderer, sich auf dem Boden krampfend, jammerte: "Mein Bauch ist voller Schnecken, sie brennen mich zu Tode. Ich bin im Wasser, ich sende nach überallhin Botschaften über den Rundfunk aus. Bringt mir einen Röntgenapparat, röntget mich und ihr werdet sehen, die Schlangen in meinen Bauch, sie verbrennen mich". Manche gingen mit Messern aufeinander los, weil sie glaubten, ihr »Gegner« wolle sie umbringen. Viele hatten Horrorvisionen und fühlten sich von wilden Tieren, von Löwen, Tigern und Insektenschwärmen verfolgt. Die Erkrankten entwickelten bei den Anfällen übernatürliche Kräfte. Dem alarmierten Krankenhauspersonal fiel es enorm schwer, die Leute überhaupt zu bändigen, denn diese sahen die Helfer als mordsüchtige Tiere, als riesige Fische oder überdimensionale Kraken an, die sie fressen wollten.

Da war z.B. ein Bauernjunge, der sich durch sieben Zwangsjacken durchbiß, dabei seine ganzen Frontzähne verlor und sogar das Stahlgitter seiner Gummizelle verbog. Selbst starke Beruhigungsmittel konnten die heftigen Anfälle nicht lindern. Manche bekamen Muskelkrämpfe, die so stark waren, daß sie sich dabei das Bein brachen. Allmählich wurden auch die ersten Todesfälle durch Herz- und Lungenversagen verzeichnet. Trotz allem bemerkte man bei den Erkrankten merkwürdige Zwischenphasen. Sie erlebten und äußerten, vor allem nach sehr schweren Anfällen, Zustände ekstatischer Verzückung. Sie sahen herrliche Blumengebilde und einige meinten, daß verborgene Geheimnis des Universums erkannt zu haben. Sie lebten mit einem Bewußtsein, von einerseits phantastischem Erleben und andererseits von klarer, gewöhnlicher Realität. Doch immer wieder berichtete ausnahmslos jeder der Betroffenen, von der Angst, vom Feuer verfolgt, eingeschlossen oder sonstwie vernichtet zu werden.

Nach ungefähr 14 Tagen zeigten sich die ersten Besserungen. Die Krämpfe und Angstzustände verloren an Intensität und ließen schließlich ganz nach. Die ersten Patienten wurden aus den Krankenhäusern entlassen. Doch Monate später mußten sie feststellen, daß die Krankheit noch nicht »ausgeheilt« war, denn immer noch wurden Betroffene von Rückfällen geplagt.

Die Bürger verklagten die staatliche Vereinigung Union Muniere, wurden aber jedesmal zurückgewiesen mit dem Argument, diese Leute seien immerhin schon einmal verrückt gewesen. Nach 10 Jahren schließlich gaben die Bürger, müde geworden von dem ständigen Streit mit der Vereinigung, ihre Forderungen auf. Parallel zu den Gerichtsverhandlungen führte man Laboruntersuchungen durch und stellte fest, daß nur eine Pipette voll LSD (die Rauschsubstanz, die das Mutterkorn enthält) genügt, um 5000 Menschen stundenlang in einen Rausch zu versetzen.

Um zu verstehen, wie es zu dem Namen dieser seltsamen »Krankheit« kam, schaut man sich am besten die Geschichte des heiligen Antonius an. Es ist nicht verwunderlich, daß gerade er zum Schutzpatron des »heiligen Feuers« gewählt wurde.

Antonius, ca. 251 n.Chr. geboren, war einer der Begründer des Christentums. Er lebte ungefähr 20 Jahre zurückgezogen in Höhlen bei Alexandria in Ägypten. Während dieser Zeit hielt er nur Gespräche mit Gott. Er unterlag Erscheinungen des Satans und hatte Visionen von grauenhaften, wilden, dämonisch aussehenden Tiergestalten, von denen er in jeder Minute geplagt wurde. Die Ähnlichkeiten der Erscheinungen, welche die Mutterkorn-Vergiftungen hervorriefen, mit den Visionen des heiligen Antonius ließen ihn schließlich zum Namensgeber der Mutterkornvergiftungen werden.

Von diesen recht unheimlichen und grausigen Berichten beeinflußt, ließen es sich manche Leute dennoch nicht nehmen, die wirksamen und günstigen Eigenschaften des Mutterkorns zu nutzen. Geringe, zermahlene Mengen des Korns erwiesen sich als äußerst nützlich bei Geburten als wehenförderndes und blutstillendes Mittel.

Selbst die Homöopathie verwendet es bei Angina Pectoris, Keuchhusten und als menstruationsregelndes Mittel. Es kann nicht direkt zum Heilen verwendet werden, doch zumindest lindert es unerträgliche Schmerzen.

Als Gegenmittel bei einer Mutterkornvergiftung wird erfolgreich eine Mischung aus Papaverin (eines der Alkaloide des Opiums) und Atropin (Bella-Donna) verwendet.

Die Wirkstoffe des Mutterkorns wurden in vielen Laboratorien untersucht, und man stellte fest, daß es durch die Herausfilterung von Acid (LSD - Lysergsäurediäthylamid) aus den anderen Mutterkornalkaloiden nicht mehr zu den, wie wir den Berichten der Vergiftungskatastrophe entnehmen, körperlichen Auswirkungen kommt. In dieser Form wirkt es direkt auf das Gehirn, indem die Produktion des Enzyms Serotonin (ein Überträgerstoff im zentralen Nervensystem) geschwächt wird. Das Serotonin übt normalerweise eine dämpfende Wirkung auf Aktivitäten des zentralen Nervensystems aus. Nach der Einnahme von LSD, wobei diese dämpfende Wirkung ausgeschaltet wird, tritt eine Überlagerung der Nervenbahnen ein, und der Betreffende verliert die Kontrolle, er "flippt aus". Lysergsäurediäthylamid tritt neben anderen ähnlichen Alkaloiden im Mutterkornpilz auf.

Der Chemiker Dr. Albert Hoffmann, Leiter des Naturstofflaboratoriums in Basel, experimentierte im April 1943 mit einer Substanz, die er auf der Suche nach einem neuem Herz- und Kreislaufanregungsmittel entdeckt hatte. Diese Substanz ist aus den Alkaloiden des Mutterkorns entwickelt und trägt den Namen D-Lysergsäure-Diäthylamid-tartart (LSD-25). Durch einen »Zufall«, ein versehentliches Einnehmen einer minimalen Dosis, erfuhr Dr. Hoffmann am eigenen Leibe die phantastische Wirkung dieses Stoffes.

Er entschloß sich, LSD 25, diesmal aber geplant und vorbereitet, noch einmal einzunehmen. Er nahm eine Dosis von 0,25 mg LSD ein und schrieb folgenden Bericht:

"Die Gesichter der Anwesenden kamen mir vor wie bunte Masken. Kinetische Störungen traten auf, die mit Paralyse abwechselten, der Kopf, der ganze Körper und alle Glieder schienen zeitweise so schwer zu sein, als wären sie mit Blei gefüllt. Ich bekam Krämpfe in den Beinen, die Hände wurden zeitweise eiskalt und empfindungslos. Auf meiner Zunge hatte ich einen metallischen Geschmack, die Kehle war ausgetrocknet und wie zugeschnürt, ein Gefühl, als müsse ich ersticken. Ich war abwechselnd verwirrt, mir meiner Lage jedoch deutlich bewußt, sodaß ich mich manchmal selbst als unbeteiligter Zuschauer betrachtete, während ich kreischte wie ein Verrückter und unverständliches Zeug lallte."

Sechs Stunden später ließ die Wirkung nach, doch noch immer erschien ihm seine Umgebung verzerrt und keine Festigkeit enthaltend, und jedem Geräusch folgte ein dementsprechendes Bild.

Fliegenpilz

Rotbehutet mit weißen Punkten, so kennen wir den schönen, verlockend aussehenden Bewohner unserer Wälder, den Fliegenpilz.

In vielen Pilzbüchern genießt der Fliegenpilz nicht gerade einen sehr guten Ruf und ist fast ausschließlich als sehr giftig verschrien. Sein Hut hat eine Breite von 5-20 cm, er ist kugelförmig, dann ausladend gewölbt und von einer lebhaft orange- bis karminroten Farbe, mit weißen Warzen übersät. Das Fruchtfleisch ist weiß, nur unter der Huthaut gelblich und hat einen leichten Kartoffelgeschmack.

Doch woher kommt der Name Fliegenpilz? Früher nahm man an, daß aus dem Pilz ein Mittel gegen Fliegen hergestellt wurde. Diese Aussage war jedoch recht vage, denn wenn wir uns Fliegen anschauen, die sich auf dem Pilz niederlassen und von seinem Saft trinken, sehen wir, daß sie nur leicht betäubt werden und dann wieder munter davonschwirren. Wasson, ein berühmter Pilzforscher, entdeckte, daß »Fliege« in Rußland, Dänemark, Deutschland und England soviel wie Wahnsinn bedeutete und daß noch heute der Fliegenpilz im Volksmund als »Narrenschwamm« bezeichnet wird.

Der Fliegenpilz (botanische Bezeichnung: Amanita muscaria) stammt ursprünglich aus Sibirien, wo er gerade bei den Korjäken, den Tschuktschen, den Tungusen, Jakuten und den asiatischen Nomaden ein beliebter Handelsartikel war. Die Korjäken bereiteten aus dem Pilzsaft und dem Zusatz einiger Früchte einen Trunk, der sie in einen Rausch versetzte. Sie trafen sich dafür mit Freunden und genossen bei diesen Gelagen den Fliegenpilz auch roh. Einige der Beteiligten litten dabei unter heftigen Schmerzen und Übelkeit.

Die Nomaden trockneten die Pilze an der Luft oder im Rauch. Für den Gebrauch legten sie die Stücke in Wasser oder Milch ein und tranken diesen Auszug. Um den recht unangenehmen Geschmack des Fliegenpilzes zu überdecken, nahm man alkoholische Auszüge aus Weidenröschen und Rauschbeeren und fügte diese den Pilzstückchen bei.

Die Droge beginnt nach ungefähr 1/2-1 Stunde zu wirken. Zuerst bekommen die Augen der Berauschten einen wildglühenden Ausdruck. Anschließend fängt der Körper an zu zittern und zu zucken. Der nun sehr geschwätzig gewordene erlebt die ersten Halluzinationen und nimmt seine Umgebung viel größer und gewaltiger wahr. In einem Zustand ständig steigender Erregung bricht er sodann in einen Tobsuchtsanfall aus, welcher nur kurz andauert und schließlich in einen tiefen Schlaf übergeht. In diesem Schlaf liegt der Reiz des Rausches, denn wie er erzählte, träumte er die sinnlichsten Träume, all die, die er sich wünschte.

Es hört sich recht wunderlich an, wenn man sagt, es gibt einen Pilz, der schon so manchem Jäger die Jagd erleichtert hat, und die Korjäken konnten diese Aussage bestätigen. Die Rentiere nämlich gönnen sich öfters den Genuß eines Pilzmahls, worauf sie eine Weile wie Betrunkene herumtorkeln und in einen tiefen Schlaf verfallen. In dieser Zeit werden die Beine des Tieres mit Stricken zusammengebunden, und man wartet nur noch darauf, daß es seinen Rausch ausgeschlafen hat, um das Tier sodann zu erstechen.

Um sich mit Fliegenpilzen in einen guten Rausch zu versetzen, benötigt man ungefähr 3-4 Pilze. Da die Pilze jedoch sehr selten sind, werden sie auch sehr teuer im Handel verkauft. Die Nomaden stellten fest, daß ein Teil des Wirkstoffes durch den Urin wieder ausgeschieden wurde. So fingen sie den Urin auf, um ihn bei nächster Gelegenheit wieder zu trinken und einen erneuten Rausch zu erleben.

Wasson stellte die Theorie auf, welche allerdings nie bewiesen werden konnte, daß der Fliegenpilz mit der altindischen »Götterdroge« Soma identisch sei. In dem Buch IX des Rig-Veda, fand er Hinweise in den 120 Hymnen, die von dem vergötterten Soma berichteten. Die Hymnen beschreiben auch den Prozeß, wie Soma ausgepreßt wird, um daraus den Trank zu erhalten, der den Göttern Unsterblichkeit und den Menschen Visionen bringt.

Der Fliegenpilz erregte schon vor längerer Zeit die Neugier der Chemiker. 1869 entdeckten Schmiedeberg und Koppy, noch in unreiner Form, durch Isolierung den Stoff Muskarin, welcher Stickstoff und basische Eigenschaften enthielt. Bei Tierversuchen wurde festgestellt, daß dieser Stoff ähnliche Auswirkungen zeigte wie das bekannte Acetylcholin (Cholin ist in Lecitin enthalten, in allen lebenden Zellen vorkommend. Es wird unter anderem aus Pflanzensamen isoliert), nämlich: Pupillenverengung, Blutdrucksenkung, Schweißausbrüche und starke Magen-Darm-Kontraktionen. Das in der Tollkirsche enthaltende Atropin wirkt in entgegengesetzter Weise und hebt die Wirkung des Muskarin auf. Dies wiederum machten sich die Ärzte bei einer Fliegenpilzvergiftung zunutze.

Die Forschung ging weiter. Man stellte fest, daß ein Kilogramm frische Pilze 2 mg Muskarin enthalten und nur wenig davon von Magen und Darm aufgenommen wird. 1881 entdeckte Schmiedeberger in Pilzauszügen eine weitere Base, die zusätzlich zu Muskarin der Wirkungsweise des Atropin ähnelte und Pilzatropin genannt wurde. Diese Entdeckung schien jedoch mehr eine Auswirkung des Isoliervorgangs gewesen zu sein, denn bei weiteren Versuchen konnte keine atropinähnliche Verbindung mehr festgestellt werden.

Weitere Versuche, sich Klarheit zu verschaffen, schlugen fehl. Etwas später stellten japanische und schweizerische Chemiker unabhängig voneinander die Existenz von drei weiteren stickstoffhaltigen Verbindungen (Muscimol, Ibotensäure und Muscazon) fest, wodurch sich schließlich die Eigenschaften des Isoxazols erklärten. (Isoxazol besitzt eine antibakterielle Wirkung). So stellten sich tatsächlich die Extrakte des Fliegenpilzes als ein Insektenmittel heraus, was aber keine Erklärung der Rauschwirkung darstellte, da bei jedem Forschungsbericht die Intensität der Wirkungskraft andere Ergebnisse zeigte.

Eine zweite unerklärliche Tatsache war, daß der Fliegenpilz in unseren Bereichen als giftig galt, bei den Nomaden in Rußland jedoch eine beliebte Rauschdroge war. In wieweit klimatische Bedingungen mit der Stärke des Giftes zu tun haben, wird wohl nie genau geklärt werden können.

All diese Geschichten und Mythen, die die Zauberpflanzen von sich erzählen, haben mächtigen Einfluß auf die Gesellschaft ausgeübt; und wenn wir uns überlegen, was für eine Macht ein starker Glaube hat, der selbst ein ganzes Volk umkrempeln kann...! Was spricht dagegen, nicht auch den Mond vom Himmel zu fangen.

II. Drogen in der Hexenküche

III. Was die Hexen so treiben...

...und der Flug zum Sabbat

Candlemas, Beltane, Lammas, Halloween, sind für jede Hexe ein Begriff, denn sie sind die Namen der Gezeiten, an deren Beginn die Hexen ihre Hauptfeste feiern. Sie teilen das Jahr in 4 Phasen. Candlemas, ein Fest Anfang Februar, bedeutet, daß die Herrschaft der Finsternis ein Ende genommen hat. Die Natur erwacht zu neuem Leben.

Beltane beginnt im Mai, es ist die Zeit der Erweckung. Den Höhepunkt erreicht diese Zeit im Mittsommer.

Lammas, Anfang August, hier beginnt der sanfte Abstieg der Natur. Die Sonne wird golden und Ernten werden eingebracht. Die Tage verkürzen sich und mit der Finsternis bricht die Phase des Halloween an. Dieser Abschnitt beginnt am 31. Oktober. Das Fest ist ein altes Totenfest, das letzte im Jahr. Diese Feste und Abschnitte des Jahres zeigen die Bewegung der Natur. Jeder Abschnitt ist ein Wendepunkt.

Bei ihren Ritualen tanzen die Hexen nackt im Kreis, einige tragen lose Roben. Hier steht ein kleiner Altar, voll mit geheimnisvollem Werkzeug. Da liegen ein Dolch, ein Messer mit weißem Heft, eine Rute, Schnüre, ein Pentakel (dies ist eine runde Scheibe, auf welche Symbole der Macht gezeichnet sind), Kerzen, ein Salzfaß, ein Kelch mit feurigem Wein und ein Räuchergefäß, aus dem süßer Duft strömt.

Eine der Hexen hält ein Buch in der Hand, Formeln und Namen sprechend, beschwörend, mit gedämpften Worten. Dieses Buch enthält die gesamten Weisheiten, es ist der Richtfaden des Hexenkultes, und für sie das heilige Buch.

“...höre auf die Worte der großen Mutter, die in alten Zeiten bei den Menschen auch Artemis hieß: Diane: Melusine: Aphrodite: Ceridwen: Dhana: Ariagrot: Priede: und viele andere Namen.

Ich, die ich die Schönheit der grünen Erde bin: und der weiße Mond zwischen den Sternen: und das Geheimnis der Wasser: und die Begierde der Herzen der Männer: rufe deine Seele an; erhebe dich, komm zu mir.

Ich habe zwei vollkommene Wörter, vollkommene Liebe und vollkommenes Vertrauen. “

Diese geheimnisvollen Wörter und die Instrumente auf dem Altar mögen vielleicht in manchem den Gedanken an schwarze Messen und Teufelsanbetung erwecken, doch so fern liegt denen, die diese Rituale praktizieren, dieser Gedanke. Aus der Einteilung der Vierjahresfeste und dem starken Bezug zur Natur geht hervor, daß der Hexenkult ein Kult der Fruchtbarkeit ist.

Einem Hexenzirkel gehören bis zu zwölf Hexen an, wobei zwei, eine Priesterin und ein Priester, das führende Amt bei Ritualen übernehmen. Eine weitere Hexe führt die Bücher, sie hält fest, was besprochen wurde. Außer den wöchentlichen Hexentreffen werden noch Weihungs- und Einweihungsriten, sowie Hochzeitszeremonien abgehalten.

Die kleineren oder niederen Feste nennt man Estabat. Die Hexen treffen sich meistens an einem geheimen und geweihten Ort im Freien. Die Arbeiten, Besprechungen oder Beschwörungen finden innerhalb eines mit dem Schwert oder Dolch gezogenen Kreises statt. Nach der Weihung folgen Gesänge und rhythmische Tänze. Dabei werden Energien freigesetzt und dann in geballter Form, durch Konzentration, auf den Zweck der Versammlung gerichtet. Talismane werden geweiht, oder man richtet die Kraft auf jemanden, der Heilung und Hilfe benötigt. Zum Schluß des Festes gibt es ein reichliches Mahl mit Kuchen und Wein.

Das Zelebrieren geheimer Formeln, das Tanzen und Singen, bringt die Hexen in ekstatische Zustände, die fast bis zur völligen Erschöpfung führen. Sie bekommen durch das Ritual Kontakt mit tiefer liegenden Bewußtseinsschichten, ein Kontakt, unter normalen Umständen unerreichbar. Die Basis ihrer Arbeit ist es, vollkommene Liebe und vollkommenes Vertrauen, daß sie sich gegenseitig führen, ohne das ihre Arbeit nie möglich wäre.

Auch die Hexen hatten Götter, ihre Helfer, Ratgeber und Beschützer. Die höchste Verehrung galt einem gehörntem Gott, einem Gott der Stärke und der Jagd, und der großen Mutter der Fruchtbarkeit. Der gehörnte Gott war für viele Skeptiker der Anlaß, die Hexen als Abgesandte der Hölle zu betrachten, eigennützig und nur darauf bedacht, »Böses« zu tun, und man sagte ihnen nach, Verehrer Satans, der sie zu seinen Sklaven macht, zu sein.

Die Hexen lebten mit der Natur, welche die Zeiten bestimmt. Sie sammelten uraltes Wissen an, vom Wechsel von Licht und Dunkelheit und vor allem vom Zyklus des Mondes, der geheimnisvoll sich immer verändert. Die Hexen wissen von der mächtigen Kraft des Mondes in allen seinen Phasen, die Kraft, mit der er auf Mensch, Tier und Pflanze wirkt.

29,5 Tage vergehen, bis der Mond seine Ausgangsform wieder erreicht, 13 Monde dauert es, bis er an seinem Ausgangspunkt wieder angelangt ist. Der Monat beginnt mit dem Neumond. In der Zeit der Wiedergeburt ist der Mond dunkel. Es ist die Zeit der Aussaat, des Schlafens vor dem Erwachen.

Die Hexen rufen die Kräfte der Natur an, um von ihr Wohlsein und Kraft für die Menschen zu erlangen.

Der zunehmende Mond, wiedergeboren, nimmt an Umfang zu, das Wachstum der Natur beginnt. Die wohltuenden Kräfte entfalten sich.

Der Vollmond läßt die Kräfte sichtbar werden. Die Saat beginnt zu keimen, und die, welche bei Vollmond gesetzt wurde, ist aufgegangen. Nun ist die Zeit, in der der Göttin der Fruchtbarkeit gehuldigt wird.

Der abnehmende Mond leitet die Erntezeit ein. Der Wachstumsprozeß ist abgeschlossen. Die Früchte sind reif. Jetzt werden Dankfeste für die Göttin der Fruchtbarkeit gefeiert.

Diese 4 Phasen übertragen sich auf den Zyklus des Jahres.

Wir wollen jetzt über etwas sprechen, das schon so viele Menschen beschäftigte, die Walpurgisnacht. Mancher wird sich fragen, was die Walpurgisnacht in einem Kräuterbuch zu suchen hat. Doch gerade die Drogen und Kräuter sind die Auslöser. Wenn jemand sich fragt, ob sich die Walpurgisnacht tatsächlich, so wie wir in vielen Büchern nachlesen können, ereignet hat, und auch die Hexen, für alle Menschen sichtbar, auf Besen reiten - was spricht eigentlich dagegen? Wenn wir uns an unsere Träume erinnern, wie lebendig und realistisch sie oft auch wirken, wissen wir manchmal nicht, ob es tatsächliche Tagesereignisse oder Phantasien waren.

Die Hexensalben sind die Mittel, die die Träume machen.

Wenn du träumst, lebst du in einer anderen Welt, aber du lebst darin! Es mag sein, das deine Freunde, die neben dir wachen, meinen, du hättest dich keinen Millimeter von deinem Platz bewegt, noch hätten sie irgendeinen Besen gesehen; du erlebtest dich jedoch, auf einem Stock reitend, und Wiesen und Felder lagen weit unter dir.

Ich würde weder das eine noch das andere behaupten, denn jeder kann nur das beschreiben, was er wahrnimmt, und das kann von Mensch zu Mensch völlig unterschiedlich sein.

In der Nacht zum 1. Mai sind alle Fesseln gelöst, die die Geister binden. Der Große Sabbat, der Tanz auf dem Brocken, beginnt. Von nah und fern kommen die Hexenmeister, Zauberer und Hexen, um ihrem Gott zu huldigen. Der Sabbat beginnt um Mitternacht und endet, wenn der erste Hahnenschrei ertönt.

Das Fest beginnt mit der Huldigung des bockköpfigen Gottes, dann folgt ein großes Bankett von ungewöhnlichem Ausmaß. Nun wird eine Messe abgehalten, welche in wilde Gesänge und Tänze ausartet.

Die Luft ist voll von Schwingungen und Klängen, von ekstatischen Schreien, Bewegungen und Getöse. Eine Orgie wird gefeiert. Die Hexen vereinigen sich mit Dämonen, Monstern und Geistern, berauscht von den Tränken, die sie brauen und von den Räucherungen, die sie entzünden. Es flirrt und vibriert in unheimlicher, jedoch faszinierender Kraft. Alle sind betrunken von den Strömen der Hitze und der Kälte, die ihre Körper durchstoßen, ihre Geilheit mehr und mehr hochpeitschend. Selbst die Erde und die Felsen wabern, aufgeladen von Energie.

Bei dem ersten Hahnenschrei zerplatzt alles wie eine Seifenblase. Nur Nebelschwaden ziehen gespenstisch über den Platz, wo sich noch eben unheimliche Gestalten im wilden Wahn tummelten.

Nichts ist mehr zu sehen, nur einer mit sehr viel Phantasie würde sagen: “Da vorn, die leicht dunkle Stelle, da könnte ein Sabbatfeuer entflammt worden sein, und der Fels dort hinten war wahrscheinlich der Altar, auf dem sie ihre Opfer darbrachten.”

III. Was die Hexen so treiben...

Über der Stätte lag ein Schweigen, ein Schweigen, das eine Stimme hatte und wisperte:

Sabbat, Sabbat - Walpurgisnacht
Ihr Hexen, Geister, Hirngespinste
Oh, so schnell sie eilen
Unter Gemensch sie weilen
Jetzt nun zu leisten - ihre Dienste.

IV. Flugsalben und andere Spezialitäten

Wie das eine dem anderen ähnelt, Mensch und Mensch, Tier und Tier, Pflanze und Pflanze, so verschieden ist es auch.

Keine Pflanze ist der anderen gleich, und dies sollte sich jeder, der mit Zauberpflanzen und Drogen experimentiert, vor Augen halten. Die Intensität der Wirkstoffe schwankt oftmals enorm, und alle, die ihre ersten Erfahrungen machen wollen, sollten mit sehr geringen Mengen anfangen.

Ich gebe hier ein paar grundlegende Tips für den Umgang mit diesen Mitteln. Fingerspitzengefühl und Aufmerksamkeit sind nötig, so daß der Traum nicht zu tief wird.

1. Setze dir kein materielles Ziel und versuche nicht, irgendeinen Einfluß auf jemanden auszuüben. Laß gerade bei den ersten Versuchen die Eindrücke, die da kommen, auf dich wirken.

2. Habe keinen Zweifel an dem Gelingen, denn damit verhinderst du, daß du etwas wahrnimmst.

3. Unternimm die ersten Versuche niemals allein, sondern suche dir jemanden, der dir beiseite steht und unter Umständen Notizen von deinem Verhalten macht. Mit der Zeit und durch gesammelte Erfahrungen wirst du dir so sicher werden, daß du deine Operationen allein durchführen kannst.

4. Brich den Versuch sofort ab, sobald du dich nicht wohl fühlst. Gehe an die frische Luft oder setze dich zumindest anderen Einflüssen aus.

5. Halte dir auf jeden Fall ein Gegenmittel bereit, womit du die Wirkung zwar nicht neutralisieren, zumindest aber ab-

schwächen kannst. Benutze kreislauffördernde Mittel wie Kaffee, bei stärkeren Vergiftungen nehme ein Brechmittel. In manchen Fällen hilft schon etwas Milch.

Es ist ratsam, zuerst mit Räucherungen anzufangen. Die Mengen und Mittel, die du für Räucherungen verwendest, sind leichter zu dosieren als Salben. Indem du dir dein Räucherwerk zusammenstellst, entwickelst du dein Fingerspitzengefühl für die Essenzen (Rauchwerk, besonders Weihrauch, spielt bei magischen Ritualen eine wesentliche Rolle. Der Rauch ist die Verbindung zu anderen, feineren Ebenen und wird auch »der Schweiß der Götter« genannt. Die Benutzung von Rauchwerk ist bei Beschwörungen unerläßlich, denn in dem Dunst manifestiert sich der Geist).

Beim Räuchern mußt du darauf achten, daß keine zu dicken Rauchschwaden entstehen, so daß dir übel wird und du Erstickungsanfälle bekommst. Räuchere immer nur so stark, daß der Rauch langsam abziehen kann.

Nach den ersten Erfahrungen kann man sich an das Herstellen von Salben machen.

Zuerst solltest du dir ein Notizbuch anschaffen und grundsätzlich - was natürlich für alle Operationen gilt - alles in diesem Zusammenhang wichtige darin eintragen. Dazu gehört die Zusammenstellung der Mittel (solltest du die Pflanzen, die du verwendest, selbst sammeln, so notiere, wo du sie gesammelt, getrocknet oder sonstwie bearbeitet hast), die Menge der Mittel, als auch das Datum und den Ort des Versuchs. Nur mit detaillierten Aufzeichnungen kannst du Vergleiche ziehen und deine Erfahrungen erweitern.

Für die Herstellung von Salben brauchst du zuerst eine Salbengrundlage (siehe Kapitel Nr. VII "Wie die Kräuter verwendet werden".) Füge dieser Grundlage die Droge bei, dessen Menge du den Rezepten entnimmst. Du kannst die Wirkung der Zutaten verstärken, indem du die Pflanzenteile zu weißer Asche verbrennst. Ich rate jedoch davon ab, diese Verfahrensweise bei den ersten Versuchen anzuwenden.

Bei der Dosierung der Salbe sollst du, wie schon gesagt, äußerste Vorsicht walten lassen. Nimm lieber dreimal zu wenig als einmal zu viel und vermeide vor allem das Nachsalben. Wenn du der Meinung bist, die Wirkung sei zu schwach, so warte ab, denn manchmal stellt sie sich erst später ein.

Zum Einreiben der Salbe suche dir eine Stelle an deinem Körper, wo die Adern sehr dicht unter der Haut liegen. Bevorzugt werden im allgemeinen die Pulsgegend, Stirn, Schläfen, Ellenbeuge, die Innenseite der Schenkel, unter den Achseln und unter den Füßen.

Die im folgenden Abschnitt aufgeführten Rezepte entstammen zum Teil alten Überlieferungen, zum Teil sind sie Empfehlungen moderner Erkenntnisse. Von manchen Hexen werden sie, so wie sie sind, übernommen. Erfahrene benutzen die Rezepte nur als Anhaltspunkte und mischen sich ihre eigenen Mittel für ihren eigenen, ganz bestimmten Zweck.

Flugsalben

Nimm Wassereppich, Eisenhut, Pappelknospen zu gleichen Teilen und Ruß mit Öl vermischt dazu und mache daraus eine Salbe.

Nimm jeweils vier Teile von Taumellolch, Bilsenkraut, Schierling, rotem und schwarzem Mohn, Giftlattich, Portulacana; vermische mit einem Teil Tollkirsche und füge Öl hinzu und mache daraus eine Salbe. Je vier Teile vom Samen des Bilsenkrautes, des Lattichs, vom schwarzen und roten Mohn, des Schierlings, des Taumellolchs und des Portulaks. Dazu nimmst du noch einen Teil vom Samen der Tollkirsche. Nimm all diese und presse sie und füge eine Unze Sesamöl zusammen mit 1,2g Opium hinzu.

Abkochungen oder die Säfte von Bilsenkraut, Stechapfel, Tollkirsche, Wassermark, Eisenhut, Alraunwurzel, Schierling, Sumpfsellerie und Kalmus. Einige von diesen im richtigen Verhältnis sind die Grundlagen der Flugsalbe. Fett, Blut, Öl und Ruß sind Beimischungen, um eine Salbe herzustellen. Es steht oft geschrieben, man solle das Fett von Leichen oder einem Gehängten oder das Blut unschuldiger Kinder als Beimischung nehmen, dies dient wohl mehr der Abschreckung, denn für den eigentlichen Zweck der Flugsalbe ist dies alles andere als notwendig. Magst du Schwarze Riten oder Totenzauber, dann sind diese Mittel sicherlich zu empfehlen, doch nicht für einen Trip zum Blocksberg. Das Zufügen von Ruß dient lediglich zur Färbung der Hautstellen, auf die die Salbe aufgetragen wird. Die Salbe muß nach der »Rückkehr« gründlich entfernt werden, da sonst sehr starke Hautreizungen auftreten können.

Liebesmittel

Wünscht eine Frau die Liebe eines Mannes, wenn dieser aber gleichgültig zu ihr steht, so nimmt sie 20g Gewürznelken und 100g Geranien-Essenz, dazu 200 g hochwertigen Alkohol. Dies mische sie, wasche damit ihre Arme und reibe die Mischung darauf. Der Mann möchte sich sodann nie mehr aus ihren Armen lösen.

Schwindet die Liebe der geliebten Frau, so nehme er Wein, Kaneel, Muskat, Zitrone, süße mit Zucker und füge ein wenig Mandragora hinzu. Die Frau wird in eine süße Schläfrigkeit verfallen, voll von Verlangen.

Nimm reinen unbehandelten Weizen und breite ihn aus. Entledige dich deiner Kleider und wälze, wende und drehe dich in dem Korn, und denke in Leidenschaft an den, dem die Liebe gilt. Nun mahle den Weizen mit der Hand zu feinem Mehl und nimm ein Siebtel. Den Rest verbirg sorgsam an einem geheimen Ort. Dem ersten Siebtel füge Wasser, Salz, Hefe und Gewürze hinzu. Lege dir von diesem Teig ein Stückchen zurück. Aus dem anderen backe Brot.

Das entnommene Teigstückchen mußt du hüten wie deinen Augapfel. Niemand darf es entdecken oder von ihm wissen. Schlage es in rote Seide ein, wenn du magst und wenn es möglich ist, trage es des Nachts an deinem Herzen und denke dabei in Leidenschaft an den, dem die Liebe gilt.

So teile und backe jeden Tag, sieben hintereinander, dein Brot. Das zweite Teigstückchen füge dem ersten hinzu und immer fortan die folgenden. Am siebten Tag nimm den Teig und backe und denke in Leidenschaft an den, dem die Liebe gilt und an den, dem du ein Stück dieses Brotes reichst.

Willst du die Liebe von jemandem erringen, so fertige ein Abbild von demjenigen aus Wachs an. Ein Haar oder auch ein Kleidungsstückchen der geliebten Person muß in oder an dem Abbild befestigt werden.

Binde diesen Gegenstand möglichst mit einem roten Seidenband fest und nicht mit einer Nadel, denn sonst würdest du die Liebe verletzen. Jetzt hege und pflege es mit brennender Liebe, so wie du es mit dem Geliebten tun würdest. Gib ihm zu essen, wasche und salbe es mit feinen Essenzen, die die Kraft der Liebe enthalten.

Mache dies jeden Tag, und du wirst sehen, der Geliebte wird kommen und dich umwerben.

Willst du der Liebe mehr Kraft verleihen, so nutze dies einfache Rezept. Bereite einen Liebestrank aus reiner Milch, Fenchel, Süßholz, geschmolzener Butter, Zucker oder Honig. Wasche täglich deine verborgene Gegend mit einem durch Zusatz von alkoholischen Benzoen milchig gewordenem Wasser und du wirst einer Jungfrau gleichen.

Einen Liebestrank bereitest du aus Gewürznelken, Lorbeersamen, italienischer Distel und Spatzenwurz, alles in Taubenbrühe gezogen. Trinke dies heiß.

V. Hexenkräuter und Heilpflanzen

Mit magischen Kräutern meine ich jetzt nicht irgendein verhextes Kraut, sondern nehme diesen Begriff einfach wörtlich. Magie ist unter anderem die Kraft der vier Elemente, der Natur.

Jedes Kraut trägt eine Kraft in sich, die wir bei vielen schon erkannt haben, jedoch immer noch dabei sind, weitere Rätsel der Pflanzenwelt zu erforschen. Die Kräfte der Kräuter wirken oft langsam, doch sie sind von Dauer. Es nützt jedoch nichts, wenn jemand unbedacht Tees in Mengen braut, ohne das Feingefühl der Pflanzen zu kennen. Er wundert sich schließlich nur, daß alle seine Maßnahmen nicht geholfen haben. Die Pflanzen verlangen, daß man an sie glaubt und einem, der an ihnen zweifelt, werden sie nicht helfen. Sie möchten geachtet werden. Bedenke, es wäre ja möglich, daß dies kleine Kraut, auf dem du gerade ausgerutscht bist, dir dein gebrochenes Bein heilt.

Alant (Inula helenium)

Alant auch Galantwurzel, Glockenwurz, Oldwurz oder Helenenkraut genannt, wächst bis zu einer Höhe von 2m heran. Ihre Stengel sind ästig und gefurcht. Ihre breiten Blätter, oben rauh und unten drunter weich und wollig, stehen aufrecht auf langen Stielen. Der Alant gehört zu der Familie der Korbblütler. Seine Blüten sind gelb und geformt, wie eine von Kindeshand gemalte Sonne, die Wurzel ist dick und fleischig.

Den Alant finden wir in Gräben und feuchten Wäldern, doch meistens wird er in Gärten angepflanzt und dient oft auch als Zierpflanze.

Von der Pflanze wird hauptsächlich die Wurzel verwendet. Man erntet sie vorzugsweise im Herbst, da sie dann die meisten Wirkstoffe enthält. Die Wurzel wird vorsichtig abgebürstet, dann schneidet man sie in Scheiben und läßt sie trocknen, wobei sie mit der Zeit einen herrlichen Veilchenduft verbreitet.

Der Alant wird meistens als Aufguß, Absud oder als Landwein verwendet und ist ein hervorragendes Mittel bei Erkrankungen der Atmungsorgane wie Angina, Bronchitis, Husten, Asthma, Keuchhusten, Lungenentzündung und Rippenfellentzündung. Der stärkende und anregende Absud wirkt sich günstig auf die Unterleibsorgane aus und Menstruationsbeschwerden, Hämorrhoiden wie auch Hautjucken und krätzeartige Ausschläge lassen sich damit sehr gut lindern.

Zur inneren Anwendung nimmt man 1/2 Handvoll zerstoßener Wurzeln und übergießt diese mit 1l kochendem Wasser und läßt es bis zu 10 Minuten stehen. Davon werden täglich 2-3 Tassen getrunken.

Diejenigen, denen der Geschmack zu herbe ist, bereiten sich am besten einen Absud zur äußeren Anwendung, also für Kompressen und Umschläge. Bei der Erkrankung der Atmungswege wirft man 2 Handvoll in eine Schüssel, übergießt mit 1l Wasser und inhaliert die aufsteigenden Dämpfe. Eine 1/2 Handvoll in Weißwein eine Woche lang mazeriert und zu jeder Mahlzeit ein Glas getrunken, wirkt harntreibend und regt die Nieren- und Magentätigkeiten an.

Arnika
(Arnica montana)

Die Arnika ist im Volksmund unter zahlreichen Namen bekannt. Man nennt sie die orange-gelbe 'Margarete' der Berge, Blutblume, Bergwohlverleih, Kraftwurz, Engeltrank, Stichkraut, Mutterwurz, Fallkraut, Ganswurz, Leopardwürger, Mönchskappe oder Ochsenblume, und diese Namen sind oft nur ein Teil der langen Liste.

Ihre Blätter sind rosettenförmig angelegt, und aus langen Stielen entspringt die margaretenähnliche, gelbe bis rotgelbe Blüte.

Wir sammeln sie am besten während der Blütezeit im Juni und Juli, ihre Wurzeln allerdings werden im Frühjahr geerntet. Arnika wächst vorzugsweise auf saurem Boden, auf Wiesen, auf der Heide oder an Berghängen, wie auch im Hochgebirge.

Verwendet wird die ganze Pflanze. Die Blüten pflückt man vorsichtig ab und läßt sie trocknen. Die Pflanze verströmt einen angenehmen, aromatischen Duft.

Das Verwendungsgebiet der Arnika ist sehr vielfältig. Sie regt das Nervensystem, die Verdauung, Atmung und den Kreislauf an und hilft auch bei Fieber. Der Appetit wird gefördert, Blutergüsse gelindert, und man bezeichnet Arnika als ein Universalmittel bei Verletzungen wie Prellungen, Quetschungen, Verrenkungen und Verstauchungen.

Die Wirkstoffe sind sehr konzentriert. Als Anregungsmittel stellen wir einen Aufguß oder Absud aus 10 Prisen pro Liter Wasser her und trinken täglich eine kl. Tasse davon. Verwenden wir die Blätter, so nehmen wir 15 Prisen auf 1l Wasser. Nehmen wir die Wurzeln (gehackt), so benötigen wir für unseren Aufguß nur 5 Prisen davon.

Für eine Tinktur übergießen wir 10 Prisen getrocknete Blüten mit 90%igem Alkohol und lassen das ganze zwei Wochen in einem Glas stehen. Wir erhalten ein hervorragendes Mittel gegen Gicht und Keuchhusten. Zur äußerlichen Anwendung verdünnen wir unsere Tinktur mit mindestens der dreifachen bis höchstens zehnfachen Menge Wasser.

Baldrian (Valeriana officinalis)

Baldrian, auch Augenwurzel, Katzenkraut, Spickwurz und Dreifuß genannt, wächst auf Abhängen, sumpfigen Wiesen und in Wäldern. Die doldigen Blüten sind von rötlichem Weiß. Die Pflanze besitzt einen rötlichen Wurzelstock, ihre Außenrinde ist braun und riecht nach dem Trocknen leicht nach Kampfer. Wir ernten die Wurzel in der Zeit von September bis Oktober.

Baldrian war einst dem deutschen Gott Baldur geweiht. Sie galt als eine Pflanze, die Glück bringt und tapfer macht. Sehr gerne wurde sie, und dies häufig, für Liebeszauber verwendet, und man sagte, wenn man Baldrian in den Mund nimmt und den küßt, den man begehrt, so gewinnt man seine Liebe.

Baldrian enthält ätherische Öle und Alkaloide, wirkt krampflösend, beruhigend und fördert den Schlaf. Wir verwenden ihn als Tee oder Tinktur bei Migräne, Schlaflosigkeit, Kopfschmerzen, Krämpfen von Magen, Darm, Herz und bei Blähungen. Bewährt hat er sich auch als Mittel gegen nervöse Leiden und Depressionen. Für den Tee nimmt man 3 Gramm Baldrianwurzel auf 1/4l kochendes Wasser, läßt ihn ziehen und gibt davon höchstens 30 Tropfen täglich in warmes Wasser.

Für den Aufguß übergießen wir 1 Teelöffel Wurzel mit einer Tasse kalten Wassers und lassen dies einige Minuten lang ziehen.

Die Baldriantinktur - wir geben dafür 1 Teelöffel Baldrianwurzel auf 1/4 Glas warmes Wasser - wird mehrmals täglich, vor allem vor dem Schlafengehen, getrunken.

Baldrian sollte allerdings nicht länger als 8 Tage hintereinander eingenommen werden. Die Kur sollte dann 8 Tage unterbrochen werden, um erst danach eine 8tägige neue Kur zu beginnen.

Bärlapp (Lycopodium clavatum)

Bärlapp oder Erdmoos, Gürtelkraut, Hexenkraut, Blitzmoos, Teufelsklauen, Drudenfuß, Dennkraut, Gichtmoos, Schlangenmoos, Katzenleier und Zigeunermoos genannt, ist eine moosartige immergrüne Pflanze. Aus den bis zu 2m langen am Waldboden dahinkriechenden Ranken entspringen 7-10 cm lange weiche Stengel. Erst im Alter von 4 Jahren bringt die Pflanze im Sommer gelbliche Kolben hervor, die Sporen enthalten und welche Blitzpulver oder Hexenmehl genannt werden.

Wir finden den Bärlapp in nordseitigen Hochwäldern oder an Waldrändern ab einer Höhenlage von ca. 600 m. In Österreich und Deutschland steht die Pflanze unter Naturschutz, man sollte sich daher auf den in guten Kräuterhandlungen erhältlichen Bärlapp beschränken.

Die Bärlappsporen sind bei Nierenkoliken, Erkrankungen der Harn- und Geschlechtsorgane, Blasensteine, Blasenschwäche, Menstruationsstörungen, Verstopfungen und

Bärlapp

Krämpfen ganz allgemein zu empfehlen. Den Tee bereitet man zu, indem 1 Teelöffel Sporen mit gekochtem Wasser übergossen wird. Bärlapp, zu Pulver zerstoßen, ist ein hervorragendes Kinderpuder gegen Wundsein. Bei Gicht, Abmagerung, Gelenkschmerzen, Leberleiden oder Magenkrämpfen stellt man eine Tinktur aus 50 Gramm Bärlapp und 250 Gramm Weingeist, angesetzt und 2 Wochen an einen warmen Platz gestellt, her. Dann werden die Pflanzenteile herausgefiltert und die Tinktur in eine Flasche mit gefärbtem Glas abgefüllt. Erwachsene sollten von dieser Tinktur alle 2 Stunden ca. 20 Tropfen einnehmen, Kindern wird entsprechend weniger verabreicht.

Bärlapp wird äußerlich, bei offenen Wunden wie auch bei starker Vernarbung, verwendet. Hierfür nehmen wir getrocknete Bärlappsporen, füllen sie in einen kleinen Leinensack und binden diesen auf die betroffene Stelle.

Beinwell
(Symphytum officinale)

An Waldrändern, in feuchten Wiesen und Gräben, auf Feldhainen und entlang von Gewässern wächst der Beinwell, den der Volksmund u.a. Beinheil, Hasenbrot, Schwarzwurz, Kuchenkraus, Wallwurz, Beinbrechwurz, Milchwurz, Schmalzwurz nennt. Auch auf Schuttplätzen und an Zäunen entlang wächst die Pflanze, die eine Höhe von 1m erreicht. Die eiförmigen Blätter sind rauh und werden von unten nach oben immer kleiner, so daß an jedes Blatt das Sonnenlicht gelangt. Die Blüten des Beinwell zeigen eine rosa bis zartviolette oder auch gelblichweiße Farbe. Die Blumenkrone ist glockenförmig und wird von einem fünfzipfligen Kranz umschlossen. Die mehrjährige Wurzel, ungefähr daumendick, ist außen dunkelbraun bis schwarz, innen weiß bis gelblich. Der

Beinwell blüht von Mai bis September, und Mitte Mai ist die Zeit, in der wir ihn ernten. Beinwell ist ein hervorragendes Mittel gegen Rheumatismus und hilft bei Verletzungen wie Schlag-, Stich- oder Schnittwunden und ist auch bei Knochenerkrankungen zu empfehlen.

Von der Pflanze werden hauptsächlich die Wurzeln und die Blätter verwendet. Für Gelenkschmerzen, Verstauchungen oder Verrenkungen nehmen wir am besten eine Tinktur oder ein Pflaster. Das Pflaster oder die Beinauflage stellen wir her, indem wir die gut getrockneten Wurzeln fein mahlen, dann fügen wir heißes Wasser hinzu und rühren das Ganze mit einigen Tropfen Speiseöl zu einem Brei. Jetzt verteilen wir den Brei auf ein Leinentuch und legen dies auf die betroffene Stelle.

Magenblutungen, Rippenfellentzündungen oder Bronchialkatarrh werden durch Einnahme eines Tees, bereitet aus 2 Teelöffeln geschnittener Wurzeln in 1/4l Wasser über Nacht kalt angesetzt, am nächsten Morgen leicht erwärmt und durchgeseiht, gelindert. Von diesem Tee werden schluckweise bis zu 4 Tassen Tee täglich getrunken. Für die Behandlung rheumatischer Beschwerden sind Vollbäder ein vortreffliches Mittel. Dafür nehmen wir 500 Gramm frische oder getrocknete Blätter, über Nacht in 5l kaltes Wasser eingelegt und am nächsten Morgen den Blättersud mitsamt der Blätter zum Kochen gebracht. Diese Mischung fügen wir nun unserem heißen Badewasser zu.

Bei Krampfadern oder Durchblutungsstörungen in den Beinen bereiten wir uns ein Sitzbad, dessen Zubereitung die gleiche wie die beim Vollbad ist, nur daß wir anstelle von 500 Gramm Blättern nur 200 Gramm nehmen.

Beifuß
(Artemisia vulgaris)

Beifuß, auch wilder Wermut genannt, blüht von Juli bis September. Wir finden ihn an Wegrändern, auf Hügeln und an Mauern wachsen. Er wird bis 1,40m hoch und hat kleine gelbe bis rötliche Blüten. Wir sammeln und verwenden hauptsächlich die Knospen und die Wurzeln.

Der Beifuß enthält Bitterstoffe und ätherische Öle. Er wirkt krampfstillend, schweißtreibend und verdauungsfördernd. Man verwendet ihn bei Verdauungsstörungen, Erbrechen, Nervenschmerzen, Rheuma, allgemeinen Schwächeanfällen, chronischem Magenkatarrh, Koliken und auch bei Durchfall. Wir nutzen außer seinen heilenden Kräften auch seinen aromatischen Geschmack zum Würzen von Gemüsen oder Rohkost.

Beifuß wird in Pulverform und als Tee verabreicht. Von dem Wurzelpulver und von den Blütenknospen nehmen wir 1 Teelöffel auf 1 Tasse und lassen das Ganze 5-10 Minuten ziehen.

Für eine Abkochung nehmen wir 5 Gramm auf 1 Tasse und trinken täglich 1 Tasse in kleinen Schlückchen.

Als Zaubermittel verwendet, flicht man aus Beifuß einen Johannesgürtel, den Kranke ins Johannisfeuer werfen, um so ihre Leiden zu heilen. Andere binden diesen Gürtel um den Leib, und ihnen dient er als Heilmittel bei Rückenschmerzen. Man sagt:

"Wer hat Beifuß um den Leib gewunden
der wird von Hexen nicht geschunden."

Andere schwören darauf und meinen, daß die Wurzel, wenn man sie bei sich trägt, vor allem Übel und Getier schützt.

Birke
(Betula alba)

Die Birke bevorzugt feuchte Wälder und moorige Gegenden. Mit ihrem weißen Stamm und den zerzausten Wipfeln gilt sie in Indien und auch bei den Indianern Amerikas als magischer Baum.

Die Kräuterhexen nahmen Birkenruten für ihren Garten, steckten sie zwischen die Beete und hielten diese so rein vor Raupen. In verschiedenen Gegenden nannte man sie Maibirke, Weißbirke, Pfingstbirke, Haarbirke oder Maye und sprach von ihr als dem Baum der Weisheit.

Der weiße Stamm zeigt manchmal einen leichten Schimmer von feinem rosa oder blassem Grün. Die Form der Blätter ist oval und leicht gezackt. Die Blüten bilden längliche, gelblichbraune Kätzchen.

Die Heilkunde empfiehlt die Birke als Mittel bei Nieren- und Blasenkrankheiten, Rheumatismus und Gicht. Bei Wundleiden helfen aufgelegte Kompressen, welche sogar hartnäckige Geschwüre und Wunden heilen.

Geerntet werden die Knospen und Blätter im Frühling. Die weiblichen Blüten pflückt man, bevor die männlichen ihren Blütenstaub ausschütten. Wenn wir den Stamm des Baumes einritzen, so erhalten wir täglich 4-5l kostbaren Birkensaft. Die Rinde lösen wir vorsichtig ab, so, wie sie sich natürlich löst und erhalten die Grundlage für ein hervorragendes Fiebermittel.

Auch für die Pflege und Schönheit des Körpers bietet die Birke gute Dienste an. Wir verwenden sie gegen Haarausfall, für Schönheitsbäder und den Absud als Reinigungswasser für die Haut.

Einen konzentrierten Absud stellen wir aus 4 Handvoll Knospen auf 1l Wasser her und lassen ihn zur Hälfte einkochen. Davon trinken wir 2 oder 3 Tassen täglich. Mit der Rinde verfahren wir ebenso, geben allerdings nur 1/2 Handvoll auf 1l Wasser.

Bei Rheuma und Gicht sind Hand- und Fußbäder zu empfehlen. Dafür geben wir 4-6 Hände voll in ein Gefäß, gießen kaltes Wasser darüber und lassen dies 1/2 Stunde stehen. Dann erwärmen wir diese Mischung und gönnen morgens den Füßen und abends den Händen ein Bad.

Bei Haarausfall nehmen wir eine Lotion aus dem Absud der Rinde, fügen einige Tropfen Baumsaft hinzu und massieren dies gründlich in den Haarboden ein.

Buchsbaum
(Buxus sempervirens)

Wir finden diesen Strauch mit seinen immergrünen Blättern auf trockenem Boden und auf Lichtungen. Der Strauch erreicht eine Höhe von 5-6m und kann 500 - 700 Jahre alt werden.

Der dichtverzweigte Strauch besitzt Zweige aus starkem Holz und eine glatte Rinde. Die ovalen Blätter haben einen leichten Glanz, die Blüten sind grünlich gefärbt. Seine Früchte gleichen kleinen, eiförmigen Kapseln mit drei Zacken.

Vor der Blütezeit, im März oder April, pflücken wir die Blätter, schneiden die Äste ab und schälen die Rinde.

Der Buchsbaum enthält das sogenannte Puxin, einen giftigen Wirkstoff. So ist es ratsam, sich strengstens an die vorgegebenen Mengenverhältnisse zu halten, um Vergiftungserscheinungen zu vermeiden.

Der Buchsbaum hilft Fieber zu senken, seine blutreinigenden Wirkstoffe geben kranken Menschen Kraft und bekämpfen Infektionskrankheiten.

Aus Rinde, Blättern oder Holz bereiten wir einen Aufguß, wofür wir 5 Prisen in 1l Wasser geben und 3 Tage hintereinander täglich 1 Tasse davon trinken. Bei Fieberanfällen genügt eine kleine Prise auf 1 Löffel Honig oder Zucker.

Als sehr dienlich erwiesen sich Hand- und Fußbäder, vor allem auch deswegen, da hier die Vergiftungsgefahr ausgeschaltet ist. Für diese Bäder nehmen wir eine kleine Handvoll auf 1l Wasser, lassen dies 1/2 Stunde lang ziehen und erwärmen danach die Mischung.

Distel (Cardüi benedicti)

Die Benediktendistel gehört zur Familie der Korbblütler. Wir kennen an die 40 Gattungen, wie z.B. die krause und nickende Distel, die Beerendistel, die Zichoriendistel, die Bisamdistel und die Ackerdistel. Als Distel bezeichnet man noch viele verschiedene andere Pflanzen. So sind beispielsweise die Blaudistel und die Mannstreu Verwandte der Möhre.

Schon im Mittelalter schätzte man die Vorzüge der Benediktendistel und findet sie auch oft als Zierpflanze in unseren Gärten. Ansonsten treffen wir sie besonders häufig in Mittelmeergebieten auf trockenem, sandigem Boden an.

Ihre Blätter sind unregelmäßig gezackt, und aus ihrem kugelförmigen Blütenkopf schaut ein Gewirr von Staubgefäßen heraus. Die Benediktendistel erreicht eine Höhe von 40-50 cm. Diese einjährige Pflanze blüht von April bis August.

Die Blätter werden im Mai geerntet, während wir die Samenkörner zwischen August und September sammeln.

Wie alle Distelarten besitzt die Benediktendistel stark harntreibende, fiebersenkende und appetitanregende Eigenschaften. Sie ist ein bewährtes Mittel gegen Fieber und regt ansonsten günstig das Verdauungssystem an. Bei Magenstörungen wirkt sie beruhigend und fördert den Appetit.

Sitzbäder mit Distelextrakt empfehlen sich bei Hämorrhoiden, äußerlich angewendet wird sie gerne zur Reinigung von Wunden und Geschwüren verwendet. Allgemein benutzen wir die Distel als Kräftigungsmittel.

Bei Appetitlosigkeit trinke vor den Mahlzeiten 2-3 Tassen eines Distelabsuds. Dazu nimm 1/2 Handvoll getrockneter Blätter auf 1l Wasser.

Den gleichen Effekt erzielen wir bei der Verwendung einer Disteltinktur. Wir nehmen dazu 1 Teil getrocknete, zerstoßene Blätter und 1 Teil Alkohol, mischen das Ganze mit 8 Teilen Wasser und trinken davon 1 Likörglas vor dem Mittagessen.

Für einen Absud zum Abreiben von Wunden oder auch gegen Blutungen geben wir eine gute Handvoll Blätter auf 1l Wasser. Die Sitzbäder (täglich zweimal) stellen wir im gleichen Mengenverhältnis her.

Efeu

Manch alte halbzerfallene Häuser und Ruinen bekamen gerade durch ihn den Reiz des Geheimnisvollen. Bei den Griechen war der Efeu ein Zeichen des Dionysos, der Gott des Weines, der Lebensfreude, Lebenskraft und Unsterblichkeit. Der Efeu gilt auch als ein Symbol der Treue und Liebe, wegen seiner Eigenschaft des Umklammerns und Umrankens.

Er trägt u.a. den Namen Eppich, Baumefeu, Mauerwurz und Baumwürger. Wie fälschlicherweise oft angenommen, ernährt sich die Pflanze nicht von den Bäumen, an denen sie sich hochschlängelt.

Der Efeu besitzt glänzende, fünfzackige Blätter von dunklem Grün. Er blüht nur sehr selten und wenn, dann erst im Herbst. Die kleinen, grünlichen Blüten verwandeln sich in erbsengroße Früchte, welche im Winter schwarz werden.

Wir benutzen den Efeu vorzugsweise zur äußerlichen Anwendung als Kompressen oder Breiumschläge bei Schmerzen, wie Zahn-, Ohren- und Kopfschmerzen, Cellulitis und Rheumatismus.

Bei der innerlichen Anwendung ist Vorsicht geboten, denn bei der Verwendung in größeren Mengen besteht Vergiftungsgefahr, und diese kann sogar zu Vergiftungsentzündungen führen.

Wir ernten die Blätter zu jeder Jahreszeit. Die Blüten dagegen werden selten verwendet; die Früchte allerdings nie, denn darin liegt die größte Gefahr der Vergiftung. Sammle die Blätter an Orten, die weit entfernt von Verschmutzungen sind und auch nur so viel, wie gerade benötigt werden. Verwende sie stets frisch.

Für Kompressen übergießen wir 1 Handvoll frische Blätter mit 1l Wasser, tauchen 1 großes Leinentuch hinein und legen es auf die schmerzende Stelle.

Breiumschläge stellen wir aus frisch gehackten Blättern her, evtl. mit einem Zusatz von 3 Teelöffeln Flachsmehl.

Eibisch (Althaea officinalis)

Der Eibisch ist ein Verwandter der Malve und nennt sich auch Althee-Wurzel, was sich von dem griechischen »althaino« ableitet, was »Heilen« bedeutet, Ibisch und Samtpappel.

Der Eibisch erreicht eine Höhe von 1-1,5m und wächst an sonnigen Waldrändern, an Meeresufern und auf salzhaltigem Boden auch wild. Er besitzt große herzförmige Blätter, die mit kleinen feinen Härchen, wie ein zarter Flaum, bedeckt sind. Seine zwischen Juli und August blühenden Blüten sind weiß bis rosafarben.

Der Eibisch wird als eine der mildesten Pflanzen bezeichnet, und man sagt ihm nach, daß er jedes durch Schmerz und Entzündungen verhärtete Gewebe wieder weich macht. Für unsere Zwecke verwenden wir Blüten, Blätter und Wurzeln.

Wildwachsend treffen wir den Eibisch nur noch selten an, und so wird er häufig in den Gärten angebaut. Die Erntezeit der Blüten ist im Sommer, kurz bevor sie sich öffnen; zur gleichen Zeit pflückt man auch die Blätter und im Herbst sammelt man die Wurzeln. Die Blüten dürfen keinesfalls bei feuchtem Wetter geschnitten werden, denn dann verderben sie. Blüten und Blätter trocknen schon in recht kurzer Zeit im Halbschatten. Die Wurzeln reiben wir vor dem Trocknen mit einer weichen Bürste ab.

Der Eibisch ist eine stark schleimhaltige Pflanze und wirkt vor allem reizmildernd und schmerzstillend. Er ist sowohl für innerliche als auch für äußerliche Zwecke sehr brauchbar, als Tee bei Husten, Heiserkeit, Bronchitis, Erkrankungen der Magenschleimhäute und der Harnorgane, bei Durchfall und Kolik.

Als Gurgelwasser, hergestellt aus den Wurzeln, mildert und heilt er Entzündungen der Magenschleimhaut. Bei Geschwüren und Entzündungen verwenden wir Eibischauflagen. Die Pflanze bietet ein reiches Spektrum an Verwendungsmöglichkeiten.

Für den aus den Wurzeln hergestellten Sirup weichen wir eine kleine Handvoll Wurzelstückchen 6 Stunden lang in ein Glas mit 90%igem Alkohol, vermischt mit 1/2l Wasser, ein. Danach kochen wir das Gemisch unter Zugabe von 150 Gramm Zucker 5 Minuten lang. Nun erhalten wir ein vorzügliches Hustenmittel, von dem wir mehrmals täglich 1 Eßlöffel einnehmen.

Die zu Pulver zerstoßene Wurzel - morgens und abends je 1 Prise - zusammen mit ein wenig Trauben- oder Fruchtzucker eingenommen, hilft bei Verstopfungen.

Bei Bindehautentzündungen legen wir Kompressen auf, die aus 1 Kaffeelöffel Eibisch pro Tasse Wasser hergestellt wird.

Aus einer Mischung von 10 Prisen getrockneten Blättern und einer kleinen geschälten Wurzelscheibe, 1 Stunde über eine Temperatur von 20-30o Celsius in 1l Wasser eingelegt, erhalten wir eine Beize, die gegen Erkrankungen der Atemorgane wirkt. Die gesamte hier angegebene Menge verbraucht man an einem Tag.

Eisenkraut
(Verbena officinalis)

Das gewöhnliche Eisenkraut, auch als Eisenhart, Isenkraut, Heiligkraut, Hahnenkopf, Stahlkraut, Katzenblut, Junotränen, Venusader oder Merkurblut bekannt, war schon im Altertum und Mittelalter ein geschätztes Heil- und Schutzkraut, dem magische Eigenschaften zugesprochen wurden.

Man berichtete, daß dieses Opferkraut zur Reinigung des Altars von Jupiter diente. Es verlieh Unsterblichkeit und heilte alle Kriegswunden.

Aber auch der Liebeszauberkunst war dieses Kraut keineswegs unbekannt, und so heißt es:

"Eisenkraut hilft sehr, daß dir die Frauen hold werden."

Eisenkraut, so meint man, hilft bei allen Krankheiten und allen Wunden, es war das Universalmittel überhaupt.

Wir benutzen es heute bei Rheumatismus, nervösem Fieber, Erkrankungen der Atemwege und des Rachens, Neuralgien, Migräne, Krämpfen, Schwindel und Erschöpfung. Es bewährte sich vor allem bei nervösen Leiden wie Nervenschwäche und Herzklopfen.

Die Pflanze blüht im Sommer rötlich-violett, und wir finden sie an Böschungen, auf trockenen Wiesen, an Waldrändern sowie auch auf Schuttplätzen. Im Sommer, kurz nach dem Aufblühen, sammeln wir die ganze Pflanze, binden sie zu kleinen Sträußchen und hängen diese zum Trocknen im Schatten auf.

Eisenkraut enthält Glykoside, ätherische Öle, Gerb- und Bitterstoffe. Es wirkt harntreibend, krampfstillend, stärkend und kräftigend, und man benutzt es zur innerlichen und zur äußerlichen Behandlung. Bei Mund- oder Halskrankheiten bereiten wir uns ein Gurgelwasser oder brauen uns einen Tee aus 15 Prisen getrocknetem Eisenkraut auf 1l Wasser, 2-3 Tassen täglich getrunken. Zur äußerlichen Anwendung, wie bei Wunden und Geschwüren, sind Breiauflagen zu empfehlen. Entzündete Augenlider schwellen ab, wenn wir Kompressen auflegen. Für Hand- und Fußbäder nehmen wir 1 1/2 Handvoll getrocknetes Eisenkraut auf 1l Wasser, was bei Schwächezuständen, Nervenschwäche und Schlaflosigkeit hilft.

Erdrauch (Fumaria officinalis)

Der Erdrauch diente den Hexen und Zauberern dazu, Geister von Verstorbenen zu beschwören und sich selbst unsichtbar zu machen.

Diese am Boden kriechende Pflanze mit ihren rosaroten Blüten und silbrig schimmernden Blättern erinnert an dicken, über dem Boden entlang kriechenden Rauch. Man nennt ihn auch Efeurauch, Erdkraut, die Erdranke, Grünwurzel, Katzenkerbel, Grintkraut, Taubenkropf, Feldraute oder Finsterkraut.

Die 1-2jährige Pflanze wird etwa 30 cm hoch und wächst auf Feldern, Äckern, Schuttplätzen und an altem Gemäuer. Man erntet den Erdrauch von Sommerbeginn bis Herbst, und zwar die ganze Pflanze, und hängt sie in kleinen Sträußchen zum Trocknen auf.

Erdrauch enthält Alkaloid Fumarin und wirkt blutreinigend und verdauungsfördernd. Die Pflanze ist ein hervorragendes Mittel gegen Fieberleiden und Gelbsucht, Verdauungsstörungen, Flechten und sonstigen Hautkrankheiten.

Als Tee oder Aufguß verwendet, bietet der Erdrauch ein gutes Blutreinigungsmittel für Kuren, am besten angewendet im Frühjahr und Herbst. Der Tee sollte nur 8 Tage hintereinander eingenommen werden, dann 8 Tage pausieren und eventuell noch einmal mit einer 8tägigen Kur beginnen.

Das Alkaloid Fumarin wirkt bei zu starkem Mischungsverhältnis und bei zu häufigen Gaben giftig. Während der Kur wird vor jeder Mahlzeit 1 Tasse Tee getrunken. Dosierungsverhältnisse: 1 Handvoll getrockneten Erdrauch auf 1l Wasser.

Für einen Aufguß nehmen wir 5 Gramm auf 1 Tasse Wasser, davon wird täglich 1 Tasse in kleinen Schlucken getrunken.

Für die Kur eignet sich besonders die Verwendung einer Beize, die wir herstellen, indem wir einen kleinen Erdrauchzweig 24 Stunden lang in 1 Glas Wein einlegen. Von diesem Likör sollte täglich 1 Glas getrunken werden.

Ebenfalls als Kur oder auch für Leute mit Leberleiden bewähren sich Hand- und Fußbäder. Hierfür nehme man 3-4 Handvoll getrockneten bzw. 1 Handvoll frischen Erdrauch auf 1l Wasser.

Farnkraut (Osmunda regalis)

Dieser geheimnisvollen Pflanze werden viele magische Eigenschaften nachgesagt. Früher trugen die Menschen sie als Talisman und Schutzsymbol gegen Verhexung bei sich. Man war auch der Meinung, daß der Teufel sich vor Schmerzen krümmt, wenn er in die Nähe der Farne tritt.

Eine weitere Eigenschaft, die sich die Hexen zunutze machten, war ähnlich der der Alraune, denn mit Hilfe des Farnkrautes konnten sie Kristalle und Schätze finden und empfahlen es außerdem für Glück in der Liebe und im Spiel.

Es gibt Dutzende von verschiedenen Farnarten. Die eine, auf die ich mich hier beziehe, ist der Königsfarn, welcher eine Höhe bis zu 1,80m erreicht. Der Königsfarn, auch Königsraut, Mondraute oder Walpurgiskraut genannt, ist der prächtigste europäische Farn. Er liebt feuchte und morastische Wälder.

Königsfarn

Seine Blätter sind federförmig angeordnet. Auf der Unterseite der Blätter sitzen kleine braune Sporenhäufchen, die Stengel glänzen leicht bräunlich, und der Wurzelstock ist mit Schuppen besetzt.

Für unsere Heilzwecke benutzen wir die Wurzeln, welche im Herbst gezogen werden, da sie zu dieser Zeit die meisten Wirkstoffe enthalten. Die vom Krautschopf abgetrennte Wurzel bürsten wir sanft ab und lassen sie in der Dunkelheit trocknen.

Die Pflanze wirkt abführend, harntreibend, blutstillend und kräftigend und sie enthält ätherische Öle, sowie Gerb- und Bitterstoffe.

Man verwendet den Farn bei Blutbeschwerden, Harnsteinen, Gicht, Cellulitis, Rheumatismus und allgemeinen Schwächezuständen. So hilfreich wie die Pflanze auch sein mag, so unangenehm können aber auch die Auswirkungen sein, wenn die Dosierung zu stark ist.

Ein Tee aus 10 Prisen Wurzelpulver pro Liter Wasser, 2-3 Tassen täglich an 2 Tagen verabreicht, ist ein gutes Mittel gegen Würmer.

Hand- und Fußbäder sind gerade bei Gicht, Rheumatismus etc. hervorragend geeignet. Dafür nehmen wir 20 Prisen Pulver auf 1l Wasser.

Verbände eignen sich bei oberflächlichen Wunden und ebenfalls bei Gicht. Wir zerhacken die Wurzel und geben 20-30 Prisen auf 1l Wasser, tauchen Leinentücher ein und legen diese auf die entsprechende Stelle.

Eine weitere, jedoch selten angewandte Methode, ist die Herstellung eines Bettlagers aus Farnblättern, dessen Wirkung jedoch schon verblüffende Ergebnisse zeigte und Rachitis- und Rheumakranken half.

Heidekraut
(Calluna vulgaris)

Die Zauber- und Hexenkunde spricht von dem Kraut, das vor Besprechungen schützt.

Im Volksmund spricht man von Besenheide, Erika, Heidegras, Immerschönkraut oder Stahlgras. Allein in Europa gibt es an die 10 verschiedene Heidearten. Die bekannteste und beliebteste ist wohl die großflächig wachsende Besenheide, die wir in lichten, trockenen Wäldern, auf Heiden, in Hochmooren wie auch auf sandigem Boden antreffen. Die rosarot bis violettblau blühende Pflanze wächst in dichten Büschen.

Das Heidekraut blüht zwischen Juli und Oktober. Wir schneiden uns kleine Büschel ab und hängen sie in Sträußchen an trockenen Plätzen auf. So gelagert, halten sie sich sehr lange, über Monate hinweg.

Die Pflanze enthält harn- und schweißtreibende, vor allem schleimlösende Wirkstoffe und eignet sich so bei Nierenträgheit, Nieren- und Blasensteinen und einem Übermaß an Harnsäure.

Nicht zu verachten ist aber auch die günstige Wirkung bei Gicht und rheumatischen Beschwerden. Rheuma behandeln wir am besten mit Heidekrautbädern, die möglichst zweimal täglich über zwei Wochen lang genommen werden sollten. Dafür legen wir einen großen Strauch Heidekraut in die Badewanne und übergießen diesen mit heißem Wasser.

Ein Absud für die Haut, 5 Prisen Blüten auf 1/2l Wasser, bleicht Sommersprossen, heilt Flechten und läßt Rötungen der Haut verschwinden.

Heidekraut

Huflattich (Tussilago farfara)

Man findet ihn in Steinbrüchen, an Bahndämmen, an Wegrändern, in Gräben, auf Wiesen und an Bächen. Er bevorzugt lehmigen steinigen Boden.

Der Huflattich, Quirinskraut, Roßhuf, Pestwurz, Brustlattich, Heilblatt, Teeblümel, Lehmblümel oder Berglatschen genannt, besitzt 20 cm hohe, weißbehaarte Stengel, an denen große herzförmige Blätter wachsen. Seine Blüten, die im März ihre Köpfe öffnen, sind von goldgelber Farbe. Die Samen seiner Wurzeln erntet man am besten vor der Blütezeit, die Blätter jedoch etwas später.

Besonders in den erkältungsanfälligen Jahreszeiten wie Frühjahr und Herbst sollte der Huflattichtee nicht fehlen. Es empfiehlt sich, auch vorbeugend, morgens zum Frühstück und abends vor dem Schlafengehen jeweils 1 Tasse Huflattichtee mit Honig gewürzt zu trinken.

Frisch gequetschte Blätter, als Auflage benutzt, heilen Verstauchungen, jede Art von Brand, brennende Wunden und selbst bösartige Geschwüre. Mit so einer Auflage sollten die betroffenen Stellen mehrmals täglich behandelt werden.

Auch bei hektischem Fieber und Schleimflüssen bewies der Huflattichtee seine hervorragende Wirkungskraft. Für den Tee wird 1 gestrichener Teelöffel Wurzelpulver in 1/4l Wasser über Nacht angesetzt, am nächsten Morgen angewärmt und dann abgeseiht.

Die nahrhafte, vitaminreiche Pflanze eignet sich besonders gut für die tägliche Küche, denn aus den Blütenstengeln läßt sich ein leckeres, würziges Gemüse zubereiten.

Immergrün
(Vinca minor)

Im Hexenkessel jener Walpurgisnächte brodelte in den geheimnisvollen Tinkturen das Immergrün. Schon im Mittelalter wußten die Menschen von seiner geheimnisvollen, bezaubernden Kraft. Es war ein wesentlicher Bestandteil vieler Liebesgetränke und wurde als Schutz vor Verhexungen gebraucht, besonders bei Nekromantie (Totenbeschwörung).

Das Immergrün, Jungfernkronenkraut, Sinngrün, Marktpalmkraut, Totengrünkraut oder Wintergrün wächst auf Friedhöfen, in schattigen Wäldern, zwischen Gebüschen und Steinen. Es steht von Mai bis September in Blüte, und wir sammeln seine Blätter vor und nach dieser Zeit.

Die Pflanze erreicht eine Höhe von 20 cm, jedoch seine am Boden entlangkriechenden Stengel werden oft meterlang. Die Stengel tragen kleine, immergrüne, lederartige Blätter, und die Blüten sind von intensivem Blau.

Die heilenden Wirkstoffe des Immergrün wirken blutstillend, wassertreibend und blutreinigend. Es regeneriert das Blut und hilft bei Blutspucken und Nasenbluten und unterstützt die Heilung schwerer Wunden.

Als Gurgelwasser verwendet, hält es die Atemwege frei und schützt vor Mundinfektionen. Nicht zu vergessen ist sein günstiger Einfluß bei Skorbut und chronischem Katarrh.

Für einen Aufguß oder Absud nehmen wir 1 Handvoll frische Blätter auf 1l Wasser. Für äußerliche Verwendung wie Lotionen, Kompressen oder Klistiere gilt das gleiche Mischungsverhältnis.

Für den innerlichen Gebrauch eignet sich besonders Immergrün-Wein und Immergrün-Beize. Der Wein wird zube-

Immergrün

reitet aus 2 Handvoll frische Blätter oder 1 Handvoll getrockneter Blätter auf 1 l kochendes Wasser mit 100 Gramm Zucker und Wein angereichert. Das ganze wird dann abgeseiht, und täglich soll 1 kleines Glas vor jeder Mahlzeit getrunken werden. Die Beize entsteht, wenn 2 Handvoll Blätter 1 Woche lang in 1 l Wein eingelegt werden. Diese Beize wird genauso verwendet wie der Wein.

Johanniskraut (Hypericum perforatum)

Auf sonnigen Wiesen, in Wäldern, unter Hecken oder auf Äckern wächst das Johanniskraut, dem man recht gegensätzliche Namen gab. Man nennt es Gottesgnadenkraut, Jägerteufel, Blutkraut, Unserfraubettstroh, Waldhopf, Hexenkraut, Herrgottsblut, Sonnenwendekraut und Löcherkraut.

Dem wildwachsenden Johanniskraut mit seinen gelben Blüten und glatten Blättern sagt man nach, daß es einen befähigt, Schätze zu finden, wenn man es als Amulett am Hals bei sich trägt. In der Liebeskräuterküche fand es seinen Platz als Mittel, um Liebe zu erwecken.

Johanniskraut bzw. Johanniskrautöl sollte in keiner Küche fehlen. Es ist eines der besten Wundheilmittel, wirkt schmerzstillend und entzündungshemmend, vor allem bei Brandwunden.

Das Öl, zu gleichen Teilen mit Terpentinöl gemischt, mindert und heilt rheumatische Beschwerden und wird insbesondere bei Nervenleiden, Muskelreizungen und Zerrungen verwendet.

Die bei strahlendem Sonnenschein gepflückten Blüten werden locker in eine Flasche bis zum Hals eingefüllt. Jetzt übergießen wir das ganze mit feinem, kaltgepreßtem Olivenöl und lassen die Flasche mehrere wochen-, möglichst in der Sonne oder wenigstens an einem warmen Platz, stehen.

Bei einer Kur für Leute, die unter Nervenkrankheiten, Depressionen, Schlafstörungen, Bettnässen oder Sprachstörungen leiden, greifen innerliche und äußere Verwendung Hand in Hand. Täglich sollen zum Frühstück und vor dem Schlafengehen je 1 Tasse Johanniskrauttee getrunken werden. Einmal täglich nimmt man ein Sitzbad, bei dem wir 1 Eimer voll Johanniskraut (die ganze Pflanze, außer den Wurzeln) über Nacht mit kaltem Wasser ansetzen, dann vor dem Bad alles zum Kochen bringen, abseihen und dem Badewasser zugeben.

Der reichhaltige Vitamingehalt des Johanniskrautöls wirkt sich günstig auf die Hautstruktur aus. Das Öl verleiht selbst rauher und unreiner Gesichtshaut ein frisches und glattes Aussehen. Haut- und Drüsenschwellungen klingen ab, und selbst geplatzte Äderchen ziehen sich zusammen und verschwinden schließlich ganz.

Setzen wir die Blüten in Leinöl an, so erhalten wir ein Mittel, welches zur Pflege der ganzen Körperhaut dient und vor allem bei Sonnenbrand Verwendung findet.

Knoblauchkraut (Alliaria officinalis)

Der Volksmund bezeichnet dieses Kraut als Aniskraut, Knoblauchsrauke, Lauchhäderich und Lauchkraut. Das von Mai bis Juni blühende Kraut finden wir an Hecken, besonders an feuchten Stellen und Hügeln.

Die Pflanze wird fast 1m hoch und trägt an ihren Stengeln große, zarte Blätter. Wenn man ihre weißen Blüten zwischen den Fingern zerreibt, dann verströmt sie einen intensiven Knoblauchgeruch.

Das Knoblauchkraut besitzt ähnliche Eigenschaften wie die Knoblauchzwiebel, hat nur nicht den leicht beißenden Geschmack wie die Zwiebel und ist so für Tees besonders gut geeignet. Das Kraut heilt selbst bösartige Geschwüre und vertreibt Würmer. Verwenden wir es als Gurgelwasser, so festigt es lockere Zähne und heilt eiternde Zahnfleischentzündungen.

Knoblauch (Allium sativum)

Knoblauch ist in der Hexen- und Heilkunde ein vielbewährtes Mittel. Zauberer sagten von ihm, daß es ein klassisches Berufskraut sei. Es ist seit ewigen Zeiten bekannt für seine Kraft, Geister, Dämonen und Vampire zu vertreiben. Es fand Verwendung als Talisman, und man hängte es den Kindern am liebsten als Schutz um den Hals. In Japan ist es Sitte, den Knoblauch ins Haus zu hängen, denn man glaubt, daß sich dann kein Husten- oder Schnupfendämon einschleichen kann.

Der Knoblauch, auch Knoffel, Lauchkraut, Knobel, Knoflack oder Gruserich genannt, stammt ursprünglich aus Ägypten und wächst heute in unseren Gärten. Die Pflanze blüht von Juli bis August, und im September ernten wir die Knollen.

Im Knoblauch enthalten sind Senfölglykosid, Knoblauchöl, Spuren von Jod, Merkaphan und Fruchtzucker. Die Pflanze wirkt desinfizierend und harntreibend. Frisch gepreßter Saft regt Leber- und Gallentätigkeit sowie die Durchblutung an und tötet Fäulnisbakterien im Darm ab. Innerlich verwendet, läßt es Cholera, Ruhr und Typhus abklingen und wirkt günstig der Tuberkulose entgegen. Hoher Blutdruck wird gesenkt, rheumatische Beschwerden und Gicht verschwinden.

In den Balkanländern wird seit eh und je der Knoblauch hoch geschätzt und empfohlen als die Knolle, die die Jugendkraft erhält. Tatsächlich erreichen in diesen Ländern die Menschen oft ein sehr hohes Alter, wobei sie dennoch dabei sehr rüstig bleiben. Wir können auch beobachten, daß Krankheiten wie Krebs hier so gut wie gar nicht auftreten.

Mit dieser Meinung, Knoblauch, die Knolle der Lebenskraft, liegt man gar nicht falsch, denn Knoblauch wirkt stark der Arterienverkalkung und allen sonstigen Alterserscheinungen entgegen. Das Ausklingen von Infektionskrankheiten unterstützen wir, indem wir 1 geschälte Knoblauchzehe in 1 Glas abgekochtes, kaltes Wasser legen und einige Stunden ziehen lassen. Danach entfernen wir die Zehe und nehmen stündlich 1 Teelöffel von dem Wasser ein. Alle, die den Knoblauchgeruch absolut nicht mögen, essen hinterher ein Sträußchen Petersilie, die diesen Geruch fast völlig neutralisiert.

Der Knoblauch bietet ein reiches Spektrum von Verwendungsmöglichkeiten, doch empfehle ich jedem, den Knoblauch wie eines der Grundgewürze der täglichen Küche zu verwenden. Es gibt sehr viele Gerichte, die mit diesem Geschmack erst den richtigen Reiz bekommen. Wer den Knoblauch jedoch lieber kurmäßig oder nur als reines Heilmittel benutzen möchte, findet sicherlich aus den folgenden Vorschlägen etwas Passendes für sich heraus.

Knoblauchsirup eignet sich für die Leute, denen der scharfe Geschmack des Knoblauchs zuwider ist. Den Sirup verwenden wir besonders bei zu hohem Blutdruck. Man vermischt 2 geriebene Knoblauchzehen mit 100 Gramm Zucker und gibt dazu 1 Glas Wasser. Hiervon sollten täglich 2 Suppenlöffel eingenommen werden.

Ein weiterer Vorschlag gegen zu hohen Blutdruck ist die Herstellung eines Absuds. Dafür nehmen wir 1 Knoblauchzwiebel auf 1l Wasser oder Fleischbrühe und trinken täglich 3 Tassen davon. Dieser Absud wirkt zusätzlich günstig auf Lungen und Darm, wie auch anregend auf den Kreislauf, hilft gegen Würmer oder Fieber und wirkt allgemein kräftigend.

Besonders gut eignet sich der Knoblauch zur äußerlichen Anwendung.

Für den Saft: Der zu Brei zerdrückte Knoblauch wird mit Hilfe eines feinen Leinentuches ausgepreßt. Man fängt den Saft auf und gibt 10 Tassen destilliertes Wasser und 1 Teil 90%igen Alkohol hinzu. Dieser Saft, welcher ausschließlich nur äußerlich angewendet werden soll, wirkt desinfizierend und anregend.

Eine ganz einfache Methode, die bei Impotenz hilft, ist: man reibe mit einer angeschnittenen Knoblauchzehe den unteren Teil der Wirbelsäule ein.

Ebenfalls zur Desinfektion von Wunden und Geschwüren gebrauchen wir den Knoblauchessig, für dessen Herstellung wir 3 Knoblauchzehen 10 Tage lang in 1/2l Essig einlegen.

Die gesunde Haut wird mit Lanolin (Schafsfett, in der Apotheke erhältlich) bzw. mit Heftpflaster geschützt, und wir legen direkt auf die betroffene Stelle 1 zerstoßene Knoblauchzehe und umwickeln diese mit einem Streifen Leinentuch. Hand- und Fußbäder, aus 3 Knoblauchknollen pro Liter Wasser hergestellt, wobei morgens die Füße und abends die Hände gebadet werden sollten, sind Universalmittel gegen Allergien und bewähren sich sowohl bei Asthma, zu hohem Blutdruck und vor allem bei darmbedingter Akne.

Mistel
(Viscum album)

Die Mistel wurde selbst in alten Zeiten von den Menschen verehrt. Man sagte diesem Baumschmarotzer allerlei magische und heilende Kräfte nach. Den Druiden, welche die Mistel bei Opferungen verwendeten, war sie heilig. Sie glaubten, die Mistel trage die Kraft der Fruchtbarkeit in sich und würde jedes unfruchtbare Tier fruchtbar machen. In früheren Zeiten wurde sie auch zum Weihnachtsfest an die Decke gehängt, zum Schutz der ganzen Familie.

Der Volksmund nennt diese seltsame, auf verschiedenen Bäumen wachsende Pflanze, die Mispel, die Kennster, Nistel, Heilallerschäden, Wintergrün, Drudenfuß, Heiligheu, Leimmistel und Laubholz-, Tannen- oder Kiefermistel.

Dieser eigenartige, immergrüne Baumstrauch ist ein Halbparasit, denn z.T. ernährt sich die Mistel von dem Baum, den sie bevölkert, indem sie kleine Saugwurzeln in dessen Rinde bohrt und sich an dem Baumsaft labt. Zum anderen ist sie jedoch auch fähig, sich mit Kohlensäure, Wasser und Sonnenlicht selbst Nahrung zuzuführen.

Zwischen März und April blüht die Mistel gelblichgrün und trägt danach kleine weißgelblich schimmernde Beeren. Die Blätter besitzen eine ovale Form. Wir sammeln die zarten Zweige von Oktober bis März, Blüten und Beeren sind für heilerische Zwecke unbrauchbar. Die Pflanze enthält Cholin, Acetylcholin und Viscotoxin. Sie wirkt blutsenkend, verdauungsfördernd, blutstillend und reinigend.

Bei der Dosierung müssen wir Vorsicht walten lassen, denn in einer zu großen Menge ist die Mistel giftig, und es können Lähmungserscheinungen und sogar Herzstillstand auftreten. Richtig angewandt, ist sie eines der besten Mittel bei Krämp-

Mistel

fen, Beklemmungs- und Angstzuständen, starkem Herzklopfen, Schwindelanfällen, Kopfschmerzen oder Atemnot. Die Wirkstoffe der Mistel regulieren den Blutdruck, außerdem die Tätigkeit der Unterleibs- und Verdauungsorgane. Ihre krampflösenden Stoffe helfen bei Epilepsie und Asthma, ihre blutstillenden bei Blutungen jeglicher Art, Blutergüssen und Prellungen.

Für die Teezubereitung verwenden wir die Mistel nur im Kaltauszug, man gibt 3 Teelöffel Mistel (Stengel und Blätter) auf 3 Tassen Wasser, läßt dies über Nacht stehen, seiht am nächsten Morgen ab und trinkt diese Menge im Tagesverlauf schluckweise ohne Zucker oder Honig.

Zur äußerlichen Anwendung: Für Kompressen, Lotionen und Verbände nehmen wir 1/2 Handvoll getrockneter Blätter und Stengel auf 1l Wasser.

Mistelwein entsteht, wenn wir 1/2 Handvoll getrockneter Mistel 24-50 Stunden in 1l Rotwein einlegen.

Nehmen wir 1 Handvoll Mistelpulver, lassen es 6 Stunden in 1l Wasser stehen und erhitzen das ganze, bis das Wasser verdampft und zu Sirup wird, so erhalten wir einen Extrakt, der sich gut für Einreibungen verwenden läßt.

Vaginalspülungen: 1 Handvoll getrocknete Mistel auf 1l Wasser, helfen bei Weißfluß, Unterleibskrämpfen und Menstruationsstörungen.

Raute
(Ruta graveolens)

Die Raute ist bekannt als die »Zauberpflanze, die gegen Gifte wirkt«. Die Hexen meinten, daß Raute, in einen Zaubertrank gemischt, vor Vergiftungen schützt.

Die Raute trägt u.a. noch die Namen Weinraute, Weinkraut, Gartenraute, Kreuzraute, Totenkraut und Hofraute.

Der 30-60 cm hohe Halbstrauch trägt im Juni und Juli gelblichgrüne Blüten. An dem ästigen Stengel wachsen gefiederte Blätter von dunkelgrüner Farbe. Die Raute verbreitet einen starken, bitteren, aromatischen Geruch.

In Weinbergen oder an steinigen Hügeln finden wir das wildwachsende Kraut. Die beste Sammelzeit sind die Sommermonate. Wir schneiden nur die Blätter ab und trocknen sie im Schatten.

Die Raute enthält starke ätherische Öle und wirkt in hohen Dosen schleimhautreizend, schwache Gaben wirken krampfstillend und nervenberuhigend.

Wir verwenden den Rautetee bei Atembeschwerden, nervösen Leiden wie Hysterie, Herzklopfen, Blähungen, auch Durchfall, Harndrang, Appetitlosigkeit, zur Stärkung der Unterleibs-, speziell der Gebärmuttermuskeln und bei unregelmäßiger Menstruation.

Die Raute erwies sich als heilend bei Sehschwäche, die durch Überanstrengung der Augenmuskeln entstand. Auch Verrenkungen und Verstauchungen werden günstig beeinflußt.

Der Rautetee, ein Aufguß aus 1 Kaffeelöffel Rautenblätter auf 1 l Wasser hergestellt, in kleinen Mengen von 1-2 Tassen pro Tag getrunken, ist ein hervorragendes Schmerzmilderungsmittel.

Bei Geschwüren, Verrenkungen oder sonstigen Verletzungen legen wir Kräuterkissen auf. Dafür nähen wir uns einen kleinen Sack aus Leinentuch und füllen ihn mit Kräutern auf.

Sonnentau (Drosera rotundifolia)

Der Volksmund nennt ihn Bullkraut, edler Wiederton, Frühtau, Herrgottstöffel, Himmelstau, Jungfernblüte, Sintau, Sonnenkraut oder Sophienkraut.

Der Sonnentau galt als wirksame Zauber- und Schutzpflanze. Manche trugen ihn als Schutz vor Verhexung und Zauberei als Talisman bei sich und waren so selbst vor übelsten Angriffen geschützt.

Der Sonnentau blüht von Anfang Juli bis Ende August. Das 20 cm hohe Pflänzchen liebt sumpfige Gebiete, moorige Wiesen und ist auch in Torfmooren zu finden. Wir können es das ganze Jahr von Mai bis September ernten.

Die Blätter der Pflanze sehen aus, als wären sie mit Honigtröpfchen benetzt, und an den Blatträndern sitzen feine Härchen. Diese »Honigtröpfchen« ziehen Insekten an, die sich in den Wimpern verfangen. Die Pflanze schließt blitzschnell das Insekt in ihre Blätter ein und saugt den durch Ausscheidungsstoffe zersetzten Körper aus. Übrig bleiben Flügel, Augen und Beine des Opfers.

Wir gebrauchen den Sonnentau zur Heilung von Asthma, Keuchhusten, Arteriosklerose, Bronchialkatarrh, Krämpfen, Epilepsie oder Wassersucht. Seine Wirkungen sind krampflösend, schweiß- und harntreibend.

Sonnentausaft ist ein hilfreiches Mittel zur Behandlung von Bißwunden, beseitigt Hühneraugen und vertreibt Sommersprossen.

Eine Tinktur aus dem Saft dieser Pflanze in Verbindung mit Weingeist, 2-3 Tropfen auf 1 Teelöffel Zucker geträufelt, hilft bei Gliederschmerzen und Unterleibsbeschwerden.

Süßholz (Glycyrrhiza glabra)

Das Süßholz oder die Lakritzwurzel stammt ursprünglich aus dem Mittelmeerraum. Es wächst auf sandigem, aber feuchtem Boden und erreicht eine Höhe bis zu 2 m.

Süßholz, unter das Kopfkissen gelegt, dient angeblich als unübertroffener Schutz vor Gespenstern, Geistern, Zauberei und Hexerei. Besonders häufig taucht es in der Liebesmittelküche auf und auch bei Beschwörungen findet es häufig Verwendung als Räuchermittel.

Die Pflanze besitzt blaue bis lilafarbene Blüten, die am Ende der aufrechtstehenden Stengel entspringen. Zwischen März und April und von September bis Oktober werden die fingerdicken Wurzeln gesammelt. Die glycyrrhizinhaltige Pflanze mildert Husten, wirkt harntreibend, abführend und entgiftend. Für den Tee nehmen wir 1 Teelöffel Süßholz auf 1 Tasse Wasser und trinken davon höchstens 2 Tassen täglich. Bei Heiserkeit em- pfiehlt es sich, ein paar Stückchen von dem Holz im Mund zu zerkauen und dann wieder auszuspucken. Man bekommt davon zusätzlich einen herrlich frischen Geschmack.

Tausendgüldenkraut (Centaurium umbellatum)

Das Tausendgüldenkraut, so sagt man, verleiht seherische Fähigkeiten, und trägt man es auf der Stirn, so kann man die Hexen bei der Walpurgisnacht beobachten.

Gottesgnadenkraut, Fieberkraut, Erdgalle, Laurinkraut, gemeiner Rötling, Gallkraut und wilder Aurin waren Namen, die man dem Kraut noch zusätzlich gab.

Zwischen Juli und Oktober blüht es rosa bis fleischrot. Die bis zu 50 cm groß werdende Pflanze besitzt eiförmige Blätter. Wenn sie blüht, ist für uns auch die beste Sammelzeit. Wir finden sie auf kalkarmen Sandflächen, in Waldlichtungen und an Waldwegen.

Das Tausendgüldenkraut regt die Drüsentätigkeit an, fördert den Appetit, wirkt blutbildend und kräftigend. Bei Menschen, die unter Bleichsucht und Blutarmut leiden, ist der Tausendgüldenkrauttee besonders zu empfehlen, der auch Linderung bei Menstruationsbeschwerden bringt. Magenverschleimungen werden beseitigt, da der Wirkstoff des Tausendgüldenkrautes Magen-, Darm- und Speicheldrüsen anregt.

Den Tee bereiten wir aus 8-15 Gramm getrocknetem Kraut, mit 1/41 Wasser übergossen und nach 10 Minuten abgeseiht. Dreimal täglich nehmen wir 1 Tasse Tee zu uns, gesüßt mit etwas Zucker oder Honig.

Der gesüßte Tee, mit Wermut angereichert, wirkt wohltuend bei Keuchhusten wie auch bei Verschleimung der Atmungsorgane.

Tausendgüldenkrauttee mit Salbei vermischt hilft bei Unreinheiten der Haut, Geschwüren und Ausschlag. Wird der Tee über längere Zeit, täglich 1-2 Tassen, getrunken, so verfeinert und verschönt er das gesamte Hautbild.

Teufelsabbiß (Succisa pratensis)

Der Volksmund nennt es St.-Peter-Kraut, Abbiß, Blaberhans (blauer Hans, Stickblümchen oder Teufelswurz.

Dem Teufelsabbiß sagt man nach, es sei das Kraut, das vor dem Teufel schützt, vor bösen Weibern und vor dem bösen Blick. Wirft man es jedoch unter den Tisch, so werden die Gäste zänkisch.

Die 30-50 cm hohe Pflanze mit dem kurzen Wurzelstock trägt spitze, leicht glänzende Blätter, welche auf der Unterseite manchmal leicht behaart sind. Sie blüht zwischen Juli und September in zartem Blauviolett.

Wir sammeln die Blätter, bevor sich die Knospen öffnen, die Wurzeln von Frühjahr bis in den späten Herbst. Um den Teufelsabbiß anzutreffen, müssen wir uns auf feuchte Wiesen begeben oder uns im Gebüsch und in feuchten Waldgegenden umschauen.

Für unseren Zweck benutzen wir die gepulverten Wurzeln, die getrockneten Blätter für Tees, die frisch zerquetschten Blätter für Auflagen bei Blutergüssen, Krätze, Geschwüren, Entzündungen und Ekzemen. Die Auflagen erwiesen sich jedoch als vorteilhaft bei geschwollenen Drüsen und Augenleiden. Der Tee aus getrockneten Blättern gilt als blutreinigend, wassertreibend, stärkt den Magen und regt Verdauungsorgane, sowie den Appetit an. Selbst Asthma, Katarrh, Durchfall und Husten klingen bei regelmäßiger Einnahme eines aus dieser Pflanze bereiteten Tees ab.

Weißdorn (Crateaegus oxycantha)

Aus der Familie der Rosengewächse stammt der Weißdorn, der u.a. die Namen Hagedorn, Mehlbeere, Mehlbaum, Mehlfäßchen, Mehlhosen, Müllerbrot, Christdorn, Hageapfel oder Heckdorn trägt. Der Weißdorn erreicht ganz unterschiedliche Größen, er wird von 1,50m bis zu manchmal 5m hoch und besitzt ein dichtes, undurchdringliches Zweigwerk, an dessen kleinen, graurindigen Ästen kleine eingezackte Blätter hängen. Die kleinen weiß- bis hellrosafarbenen Blüten bilden eine Blütenkrone und entfalten einen recht unangenehmen Geruch. Im Herbst färben sich die kleinen Beeren in ein sattes Rot.

In alten Zeiten galt der Weißdorn bei den Griechen und Römern als ein Symbol für die Liebe, für Glück und für Treue. Man stellte ihn gerne im Haus auf oder hing ihn an die Türen. Er bot den Menschen Schutz vor Geistern und vor Krankheiten. Seine Blätter legte man in die Wiegen von Neugeborenen, denn sie gaben besonderen Segen und Schutz.

Wir finden den im April bis Mai blühenden Strauch in Laub- und Föhrenwäldern, an Zäunen und Hecken. Wir sammeln die Blüten im Frühjahr und die roten, mehligen, süß-sauer schmeckenden Beeren im Herbst.

Der Weißdorn enthält Flavone, Triterpensäure, Kalium, Natrium, Kalzium, Phosphor, Saponin, Aluminium, Vitamin C, Crateaegussäure sowie ätherische Öle. Seine frischen Blüten enthalten Trimetylamin, und in der Rinde finden wir ein wenig Aesculin. Die Früchte enthalten sehr viel Pektin und Crateaegussäure, sowie Zucker und Gerbstoffe. Der Weißdorn wirkt herzstärkend, beruhigend und senkt zu hohen Blutdruck. Im Mittelalter verwendete man die Blüten bei Gicht oder Blasensteinen. Die Früchte nahm man, um Durchfall zu heilen. Heutzutage werden die Früchte zu Saft oder Marmelade verarbeitet und finden Verwendung im täglichen Hausgebrauch.

Ein Tee aus den Blüten hilft bei Nervosität, Herzklopfen, Angstgefühlen, Schwindel, allgemeiner Mattheit und reguliert die Herztätigkeit. Weißdornextrakte sollten über einen längeren Zeitraum eingenommen werden. Es bietet sich also an, ihn in die allgemeine Küche miteinzubeziehen.

Er ist besonders älteren Menschen zu empfehlen, da er regulierend auf den Kreislauf und gegen alle Krankheiten wie Arterienverkalkung und sonstige Alterserscheinungen wirkt.

Bei Fieber eignet sich ein Absud aus der Rinde. Wir nehmen dafür 10 Prisen gehackte Rinde auf 1l Wasser und trinken davon täglich 2-3 Tassen voll.

Nervöse Leiden lassen sich sehr gut mit Hand- und Fußbädern behandeln. Pro Bad braucht man 10-20 Prisen Blumenkronen auf 1l Wasser. Man nimmt täglich 2 Bäder.

Auf schmerzende, krampfende Stellen wie auch bei Hexenschuß legt man warme Kompressen auf. Das Mischungsverhältnis der Kompressen ist dem der Bäder gleich. Man taucht ein Leinentuch ein und umwickelt, am besten nach den Mahlzeiten, die betroffenen Stellen. Das Auflegen kalter Kompressena kommt besonders den Menschen zugute, die unter nervöser Migräne leiden.

Nicht zu vergessen und wärmstens zu empfehlen sind Breiumschläge aus zerdrückten frischen Blüten und Früchten. Bei regelmäßiger Anwendung schaffen diese Umschläge bei Angina Pectoris und Rheumatismus Abhilfe.

Zwiebel
(Allium cepa)

Die Ursprungsländer der Zwiebel waren wahrscheinlich Afghanistan und Persien. Doch bereits Jahrtausende vor der christlichen Zeitrechnung pflanzten Ägypter und Chaldäer sie an. Wie die Griechen und Römer, so machten auch unsere Vorfahren im Mittelalter von der Zwiebel Gebrauch.

Die Zwiebel ist mit dem Knoblauch verwandt und gehört in die Familie der Liliengewächse. Ihr am unteren Stengel befindlicher dicker Bauch erinnert an Fruchtbarkeit, und die Zwiebel ist ein Symbol der Lebenskraft. Es gibt viele verschiedene Arten der Zwiebel, die sich in Schärfe, Würze und Geschmack unterscheiden. Alle Zwiebeln enthalten die Grundnahrungsstoffe, und die Pflanze sollte zum täglichen Begleiter in der Küche gemacht werden.

Die von Juni bis August blühende Pflanze finden wir heute in fast jedem Gemüseladen. Die Zwiebel erreicht eine Höhe bis zu 1 m. Ihre Blüten sind grünlich weiß und sitzen am Ende des langen, grünen, hohlen Stengels.

Die Zwiebel liebt leichten nahrhaften Boden. Aus den im Frühjahr gesetzten Samenkörnern wachsen Knollen heran, die wir im Herbst, von Juli bis Oktober, aus der Erde ziehen.

Die Zwiebel enthält ätherische Öle, herzwirksame Stoffe und vor allem Vitamin C. Die Zwiebel kann in jeder Form verwendet werden, sowohl roh, als auch gekocht, ohne im geringsten an Wirkungsstoffen einzubüßen.

Wer den scharfen Geruch der Zwiebel nicht mag, wendet die gleichen Tricks an wie beim Knoblauch. Ein geriebener Apfel, ein Löffel Honig, einige Petersilien- oder Kerbelblätter oder eine Kaffeebohne, die man zerkaut, helfen, den Geruch zu neutralisieren.

Die Zwiebel wirkt harntreibend, steigert die Gallenbildung, fördert die Verdauung, senkt den Blutzucker und reguliert die Darmflora. Für all diejenigen, die an Nierenkoliken, an Nieren- oder Blasensteinen, Wassersucht, Herzschwäche, Gicht oder Rheumatismus leiden, empfiehlt sich eine regelmäßige Zwiebelkur. Ihre schweißtreibenden Fähigkeiten begünstigen die Ausscheidung von Giftstoffen, dienen zur Reinigung des ganzen Körpers und sind besonders bei Infektionskrankheiten nutzbringend. Der reichliche Anteil an Vitamin C schützt vor Skorbut und Zuckerkrankheit, da der in der Zwiebel enthaltene Wirkstoff, das Glucocinin, den Zuckergehalt im Blut senkt.

Menschen, die unter extrem unreiner Haut oder Akne leiden, sollten sich täglich der Wirksamkeit der Zwiebel bedienen. Außerdem ist sie ein wirksames Mittel gegen Würmer, Nervosität, Angstzustände, Herzklopfen wie auch Erkrankungen der Atemwege (Husten, Asthmaanfälle, Halsschmerzen und Heiserkeit). Äußerlich angewendet, hilft sie bei Insektenstichen, Spinnen- oder Hundebissen.

Als Frühjahrskur eignet sich ein Aufguß aus frischen Zwiebeln. Der Aufguß trägt dazu bei, daß die Giftstoffe aus dem Körper beseitigt werden. Für die Zubereitung nehmen wir die schöne rote Zwiebel in Scheiben geschnitten und mit 1l heißem Wasser übergossen. Diese Menge sollte im Laufe des Tages getrunken werden, 3 oder 4 Tage hintereinander.

Für eine Antiwurmkur nehmen wir 4-5 Zwiebelknollen und kochen diese in 1l Wasser weich. Den Absud kann man nun mit beliebig viel Honig würzen.

Zwiebelsirup ist ein hervorragendes Mittel bei Heiserkeit, Verschleimungen der oberen Luftwege, Halsentzündungen und Keuchhusten.

Für den Zwiebelwein zerdrücken wir 3-4 schöne große Zwiebeln, fügen 100 Gramm Honig und 1l Weißwein hinzu, lassen dies 15 Tage lang stehen und filtern es dann ab. Von dieser harntreibenden und stärkenden Essenz sollten täglich 3-4 Suppenlöffel eingenommen werden.

Für die Zwiebeltinktur zerhacken wir 1 rohe Zwiebel und lassen diese 1 Woche lang in 90%igem Alkohol ausziehen. Zwiebel und Alkohol sollten das gleiche Gewicht haben. Von der gefilterten Essenz nehmen wir täglich 2 Kaffeelöffel ein.

Der Zwiebelsaft wird aus frischen rohen Zwiebeln gepreßt. Reichlich aufgetragen, hilft er bei Bienen- oder Wespenstichen.

Breiumschläge aus rohen Zwiebeln auf die Schläfen aufgelegt, helfen gegen Migräne und Kopfschmerzen. Bei Fieber legt man diese Umschläge 8 Stunden lang auf die Füße. Hand- und Fußbäder, aus 1 oder 2 rohen Zwiebeln auf 1l Wasser, helfen hervorragend gegen Akne und Bronchitis.

VI. Kleines Brevier bekannter Heilpflanzen

Aloe (Aloe vulgaris)

Allgemeines: Die Aloe wird ca. 60 cm hoch. An ihren dicken Stengeln sitzen dicke fleischige Blätter von blaßgrüner Farbe, welche manchmal weiß gefiedert sind. Die roten Blüten bilden lange Blütentrauben.

Fundort: Im südlichen Europa und in Deutschland ist sie eine beliebte Zimmerpflanze. Die Blätter können unabhängig von irgendeiner Jahreszeit geerntet werden.

Wirkungsweise: Beruhigend, reinigend.

Anwendung: Bei Verdauungsstörungen, Keuchhusten, Erkältungshusten. Ein Absud behebt Menstruationsbeschwerden, und Entzündungen werden durch lauwarme Umschläge behoben.

Zubereitung: Für einen Tee nehmen wir 1/2 Blatt der Aloe, setzen es mit zwei Tassen kaltem Wasser auf, und bringen es schließlich zum Kochen. Nach 5 Minuten gießen wir den Tee ab und süßen ihn mit Honig.

Arnika
(Arnica montana)

Der Volksmund sagt:
Kraftwurz, Mitterwurz, Ochsblume, Bergwohlverleih, Donner- oder Engelblume, Kathreinwurzel, Blutblume, Engelstrank, Stichkraut, Mutterwurz, Fallkraut oder Kraftrose.

Allgemeines:	Diese Pflanze mit ihren großen orange-gelben Blüten verströmt einen würzigen Duft und erreicht eine Größe bis zu 60 cm. Sie besitzt nur zwei bis drei Paar sich gegenüberliegende Blätter.
Fundort:	Auf Wiesen, an Berghängen oder auch im Hochgebirge.
Ernte:	Von Juni bis Juli werden die Blüten gesammelt, die Wurzeln am besten im Frühjahr.
Enthält:	Bitter- und Gerbstoffe. Die Blüten enthalten karotinartige Farbstoffe, Cholin und herzwirksame Substanzen, Kieselsäure, Inolin und Tanin und ätherische Öle.
Wirkungsweise:	Entzündungshemmend, hautreizend, anregend auf das Gefäßsystem, schweiß- und harntreibend, nervenstärkend und beschleunigt den Blutkreislauf und die Atmung.

Anwendung: Zur äußerlichen Anwendung bei Blutergüssen, Verstauchungen, Quetschungen, Hautabschürfungen, bei Rückenmarksleiden, Lähmungen oder Versteifungen, Gicht und Rheuma. Als Zusatz zum Gurgelwasser hilft es bei Mandelentzündung und Heiserkeit.

Zubereitung: Für den Aufguß der Blüten oder Wurzeln trinken wir täglich eine Tasse, wobei wir 1/2 Teelöffel Kraut auf 1 Tasse Wasser geben.

Tinktur: Eine Handvoll Arnikablüten werden mit 1/4l gutem Spiritus oder klarem Korn übergossen und dann in eine gut verschlossene Flasche ca. 14 Tage, möglichst in der Sonne, stehengelassen.

Augentrost
(Euphrasia officinalis)

Der Volksmund sagt:
Hirnkraut, Spöttlich, Wiesenaugentrost oder echter Augentrost.

Allgemeines: Die Pflanze mit ihren weißen bis bläulichen Blüten und dem weichbehaarten Stengel erreicht eine Größe bis zu 15 cm.

Fundort:	Diese zierliche Pflanze liebt trockene Orte, und wir finden sie auf Wiesen oder an Waldrändern.
Ernte:	Für Heilzwecke werden nur die Blätter verwendet, die wir am besten vor der Blütezeit, Anfang Juli, sammeln.
Enthält:	Die Blätter sind reich an Bitter- und Gerbstoffen, Glykose, Aucobin und ätherischen Ölen.
Wirkungsweise:	Entzündungshemmend, zusammenziehend und verdauungsfördernd.
Anwendung:	Gelbsucht, Magenbeschwerden, Nasenkatarrh, Husten, Heiserkeit und äußerlich als Augenkompresse für überanstrengte Augen.
Zubereitung:	Augentrosttee: Wir nehmen einen Teelöffel Augentrost und übergießen mit 1 Tasse heißem Wasser und trinken täglich 1 Tasse. Aufguß oder Absud: 2 Eßlöffel Augentrost auf 1/4l Wasser.

Bärlauch (Allium Ursinum)

Der Volksmund sagt:
Zigeunerlauch, Waldknoblauch, Rensel und Latschenknoffel.

Allgemeines:	Der Bärlauch hat langstielige Blätter, die am Grund eines aufrechten, meist blattlosen Stengels sitzen. Die Pflanze wird zwischen 15 und 40 cm hoch und verströmt einen starken knoblauchartigen Geruch.
Fundort:	Die Pflanze liebt schattige Laubwälder, versteckt sich unter dem Gebüsch und ist manchmal auch auf Wiesen zu finden.
Ernte:	Die Blätter des Bärlauch werden zwischen Mai und Juni gesammelt.
Wirkungsweise:	Der Bärlauch enthält ähnliche Wirkstoffe wie der Knoblauch. Er wirkt appetitanregend, blutreinigend und verdauungsfördernd.
Anwendung:	Bärlauch eignet sich besonders gut für Entschlackungskuren, da er blutreinigende Wirkstoffe besitzt. Ansonsten wird er, ähnlich wie der Knoblauch, bei Durchfällen, Koliken, Appetitlosigkeit und Verdauungsstörungen benutzt.

Besenginster (Sarothamnus scoparius)

Der Volksmund sagt:
Besenstrauch, Brahm, Hasenheilkraut, Hasen- und Primelstrauch, Heideschmuck, Rehheide und Besenprimel.

Allgemeines: Im Mai erscheinen die goldgelben Blüten zusammen mit den gestielten kleeartigen Blättern. Die Blüten verströmen einen angenehmen vollen Duft. Der Strauch erreicht eine Größe bis zu 2 m, und seine Wurzeln sind sehr kräftig. Früher wurde die Pflanze außer zu Heilzwecken auch zum Gerben von Fellen, als Färbemittel und als wertvolles Winterfutter für das Vieh benutzt.

Fundort: Die Pflanze liebt sandigen trockenen Boden. Wir finden sie an Bahnböschungen, an Waldrändern, auf sonnigen Hügeln und in sandigen Niederungen.

Wirkungsweise: Schweiß- und harntreibend, blutreinigend, abführend und kräftigend.

Anwendung: Herz- und Nierenleiden, sowie bei Milz- und Leberschäden.

Bitterklee
(Menyanthes trifoliata)

Der Volksmund sagt:
Fieberklee oder Wasserklee.

Allgemeines: Die Blätter der 20-30 cm hohen Pflanze sind langgestielt, oval und glatt. Seine Blüten sind von weißroter

	Farbe und haben die Form eines kleinen Trichters.
Fundort:	Die von April bis Juli blühende Pflanze findet man in der Nähe oder an den Ufern von Gewässern, an Wiesengräben oder in Sumpfgebieten.
Ernte:	Von dem Bitterklee ernten wir am besten in den sonnigen Sommermonaten nur die Blätter.
Wirkungsweise:	Appetitanregend und beruhigend. Neutralisiert einen übersäuerten Magen.
Anwendung:	Bei Magenschwächen, Blähungen, Magen- und Darmkrämpfen, chronischem Magenkatarrh und Sodbrennen. Bitterklee wirkt günstig auf einen nervösen Magen und bietet gute Dienste nach einer zu reichhaltigen Mahlzeit.

Brombeere (Robus fruticosus)

Der Volksmund sagt:
Moorbeere, Moorenbeer, Kratzbeere, Rahmbeere, Braunbeere und Hirschbollen.

Allgemeines:	Selbst die kleinen Blätter des mehrere Meter hohen dornigen Strauches, sind an den Rändern mit kleinen Dornen besetzt. Aus den großen weißen

	Blüten entstehen später erst rötliche, dann bräunliche und schließlich schwarze Beeren.
Fundort:	Der Brombeerstrauch wächst wild in Wäldern und Hecken und wird z.T. auch in den Gärten angepflanzt.
Ernte:	Von der Pflanze verwenden wir Blätter, Blüten und Wurzeln, welche wir im Frühjahr, die Frucht jedoch im Herbst, sammeln.
Enthält:	Gerbstoffe, Schleim, Pektin, Fruchtzucker und Vitamin C.
Wirkungsweise:	Fiebersenkend, zusammenziehend, blutreinigend, blutbildend und desinfizierend.
Anwendung:	Brombeerzusätze in Gurgelwasser gegeben heilt Halsentzündungen und hilft bei Heiserkeit, Husten, Halsschmerzen und Verschleimung der Atemwege. Die zusammenziehende Wirkung der Brombeerblätter sind ein gutes Mittel gegen Durchfall oder rote Ruhr. Der Fruchtsaft erwies sich als ein fiebersenkendes Mittel.
Zubereitung:	Für einen Tee nehmen wir 2 Eßl. getrockneter Blätter und übergießen das Ganze mit 1/8l siedendem Wasser. Von diesem Tee müssen täglich 2 Tassen getrunken werden. Brombeertinktur, als Magenstärkungsmit-

tel verwendet, stellen wir her, indem wir 1 Handvoll Beeren auf 1l Branntwein geben und mit Zucker oder etwas Honig abschmecken. Davon nehmen wir täglich 1 Eßl. ein.

Dost
(Origanum vulgare)

Der Volksmund sagt:
Dorant, Oregano, wilder Majoran, Dosten, Badkraut, Wohlgemut, Costenz, Gemude, brauner Dost, Mutterkraut und Maran.

Allgemeines: An den 30-60 cm hohen, leicht behaarten Stengeln, sitzen kleine, dunkelgrüne Blätter. Die Farbe der Blütenblätter schwankt zwischen Weiß und Purpurrot. Die Pflanze verbreitet einen starkriechenden, aromatischen, dem echten Majoran ähnlichen Duft.

Fundort: Den Dost findet man an Waldrändern, Wegrändern und an sonnigen Abhängen.

Ernte: Der Dost blüht in der Zeit von Juli bis Oktober, und während dieser Zeit sammeln wir seine Blätter.

Enthält: Gerb- und Bitterstoffe, sowie ätherische Öle mit Thymol.

Wirkungsweise:	Krampflösend, schweiß- und harntreibend, schleimlösend und schmerzlindernd.
Anwendung:	Erkrankungen der Gebärmutter, Bronchialkatarrh, Krampfhusten, Magen- und Darmstörungen, Asthma und Appetitlosigkeit.
Zubereitung:	Wir legen 1 Handvoll Dostkraut in 1/2l Oliven- oder reinem Leinöl 14 Tage lang ein und stellen diese Mischung an einen warmen Ort, dann geben wir das ganze durch ein Leinentuch und pressen es noch einmal gut aus. So erhalten wir ein wertvolles Mittel, äußerlich angewandt für Einreibungen bei Rheumatismus oder ein Dampfbad bei Keuchhusten, Asthma und Krämpfen. Für einen Tee nehmen wir 2-3 Teelöffel Dostkraut auf 1/4l siedendes Wasser. Wer statt Öl lieber eine Salbe benutzten möchte, nimmt 25-30 Gramm Vaseline und mischt 5-6 Gramm frischen Preßsaft darunter.

Eberesche
(Sorbus auscuparta)

Der Volksmund sagt:
Ebereschenbeeren, Faulesche, Vogelbeere, Moosbeerbaum, Gureschbaum, Drosselbeere, Quickenbeere und gewöhnliche Eberesche.

Allgemeines:	Die Eberesche erreicht eine Höhe von 8 bis höchsten 10 m. Die länglichen hellgrünen Blätter stehen sich paarweise gegenüber, ähnlich wie bei einer Feder. Ihre kleinen weißen Blüten bilden Blütentrauben, die sich später in orangerote Beeren verwandeln.
Fundort:	Die Eberesche treffen wir in gebirgigen Gegenden, wie auch in Laubwäldern oder am Straßenrand an.
Ernte:	Von dieser Pflanze verwenden wir Blüten und Beeren, die Blüten werden im Juli und die Beeren im Herbst gesammelt.
Enthält:	Parasorbinsäure, Bitterstoffe, Zucker, Vitamin C, Karotin, Calium, Calcium und geringe Mengen von Mineralien. Der minimale Anteil von Blausäure geht beim Kochen verloren.
Wirkungsweise:	Verdauungsfördernd und blutreinigend.

Anwendung: Bei Nierensteinen, Harnbeschwerden, Durchfall, Rheuma, Gicht und fieberhaften Erkrankungen.

Zubereitung: Ebereschenextrakte werden wegen des hohen Vitamingehaltes gerne bei der Herstellung von Säuglingsnahrung oder Limonaden verwendet. Um einen Kaltauszug herzustellen, nehmen wir 1 Teelöffel getrockneter Beeren, übergießen dies mit 1/4l Wasser und lassen das ganze 10 Stunden ziehen. Diese Ration wird über den Tag verteilt in kleinen Schlucken getrunken. Ebereschenmus stellen wir her, indem wir Beeren und Zucker (2 Teile Beeren und 1 Teil Zucker) zu Mus einkochen. In manchen Fällen reicht es auch schon, wenn man zweimal am Tag 8-10 Stück getrockneter Beeren kaut.

Eiche
(Quercus pedunculata)

Der Volksmund sagt:
Ferkeleiche, Sommereiche, Stieleiche, Wintereiche, Eke, Fraueneiche, Heister, Steineiche oder Traubeneiche.

Allgemeines: Dieser wuchtige Baum kann bis zu 50m hoch werden, er besitzt einen wuchtigen Stamm, eine rissige, aschgraue Rinde und seine dunkelgrünen,

Eiche

längliche Blätter sind von allen Seiten eingekerbt.

Fundort: Wir treffen diesen Baum fast überall in unseren Wäldern an.

Ernte: Für Heilzwecke werden die jungen Blätter, die Rinde, Zweige und die Früchte (die Eicheln), welche wir der Jahreszeit entsprechend sammeln, verwendet.

Enthält: Die Rinde wie auch die Samen enthalten Zucker, Stärke, Öle, Gerb- und Bitterstoffe.

Wirkungsweise: Harntreibend, magenstärkend, zusammenziehend, blutstillend, leicht stopfend und schmerzlindernd.

Anwendung: Bei nervösen Darmbeschwerden, Darmgeschwüren, Nieren- und Lebererkrankungen, bei Vergiftungen aller Art, Drüsenschwellungen, chronischem Magenkatharr, Verdauungsbeschwerden, Blutungen sowie Entzündungen der Mundschleimhaut wie auch Geschwüren in der Mundhöhle. Zur innerlichen Anwendung bereitet man einen Tee aus 5 frischen oder getrockneten Blättern auf 1l Wasser. Pulverisierte Eichenrinde, vermischt mit Honig, davon 2 Kaffeelöffel innerhalb von 24 Stunden eingenommen, stillt starke Blutungen. Der Eichelkaffee wirkt bei allen Krankheiten, die die Eiche zu heilen vermag. Die Eicheln werden zuerst geröstet und dann gemahlen. Von diesem Kaffee nimmt man täglich 2 Tassen zu sich (Eichelkaffee: 1 Eßl. geröstetes Eichelpulver übergossen mit 1 Tasse siedendheißem Wasser und 30 Min. ziehen gelassen).

Zur äußerlichen und zur innerlichen Verwendung ist die Eichentinktur besonders gut geeignet. Aus den im Frühjahr geernteten jungen Zweigen wird der Saft herausgepreßt, und dazu wird die gleiche Menge Weingeist gegeben. Das Ganze wird gut verschlossen 14 Tage in die Sonne gestellt. Danach gibt man das Gemisch durch ein Leinentuch, und diese klare Flüssigkeit kann entweder tropfenweise mit Zucker oder Honig eingenommen oder für Einreibungen verwendet werden.

Enzian, gelber (Gentiana lutea)

Der Volksmund sagt:
Bitterwurz, Branntweinwurz, edler Enzian, Hochwurz, Sauerwurz, Ritterwurz, Darmwurz, Gelbsuchtwurz, Halunkenwurz, Butterwurz, Bergfieberwurz und St.-Ladisleiwurz.

Allgemeines:	Der Enzian besitzt einen dicken, kräftigen Wurzelstock, aus dem sich eiförmige, glatte und zugespitzte Blätter erheben. Seine Blüte ist gelb und manchmal leicht rotgefleckt.
Fundort:	Der unter Naturschutz stehende Enzian ist auf mageren Wiesen, Weiden sowie auf Alpenwiesen im Gebirge anzutreffen.
Ernte:	Die oft 1m lange und bis zu 6 kg schwere Wurzel des Enzians wird in den Sommermonaten gesammelt.
Enthält:	Bitterstoffglykozid, Gerbstoffe, Schleim und Zucker.
Wirkungsweise:	Wirkt neutralisierend bis anregend auf den Magen und auf die Drüsen des gesamten Verdauungssystems und stärkt die Abwehrkräfte des Organismus.
Anwendung:	Leberleiden, Blutreinigung, Gelbsucht, Hämorrhoiden, Blutarmut, Verdauungsstörungen, Bleichsucht, Appetitlosigkeit, Magenschwäche, Ohnmacht oder Herzschwäche.
Zubereitung:	Aus den Blüten stellen wir einen schweißtreibenden Aufguß oder Absud her, der auch bei Infektionen hilft. Dafür nehmen wir 10 Prisen getrockneter Blüten auf 1l Wasser und trinken täglich 3 Tassen davon.

Faulbaum
(Rhamnus frangula)

Der Volksmund sagt:
Teufelsbeere, Stinkrauch, Zapfenholz, Gichtholz, Hundsbeerstrauch, Pulverholz, Schweißbeere oder Zapfenholz.

Allgemeines:	Der 3m hohe, grünlichweiß blühende Faulbaumstrauch hat glatte, gefleckte Blätter und trägt schwarzblaue, erbsengroße Früchte.
Fundort:	Die Pflanze liebt leicht feuchten Boden und ist in den Wäldern anzutreffen.
Ernte:	Wir sammeln die Faulbaumrinde am besten während der Blütezeit, also von Ende Mai bis August. Die bitter schmeckende Rinde muß mindestens 1 Jahr alt sein. 3 oder 4jährige Zweige enthalten allerdings die meisten Wirkstoffe. Die Rinde oder Zweige schneidet man in lange Streifen und läßt sie im Schatten trocknen.
Enthält:	Das abführende Mittel Emodin, Bitterstoffe, Gerbstoffe und Saponin.
Wirkungsweise:	Verdauungsfördernd und blutreinigend.
Anwendung:	Bei Störungen des gesamten Verdauungsapparates, Magenübersäuerung, Blähungen, Schluckauf, Infektionen,

Kreislaufstörungen und gegen Würmer.

Zubereitung: Aufguß: Auf 1l Wasser 5 oder 6 Prisen gehackte Rinde geben und täglich 2-3 Tassen trinken.

Absud: In 1l Wasser 5 oder 6 Prisen gehackte Rinde 1/2 Stunde lang kochen, und danach 1/2 Tag im Wasser ausziehen lassen. Davon werden abends vor dem Schlafengehen 1 oder 2 Tassen getrunken.

Zur äußerlichen Anwendung als Kompressen, Klistiere, Hand- und Sitzbäder u.ä. nehmen wir anstatt 5 oder 6 Prisen 1/2 Handvoll Rinde.

Pulver: Man nimmt täglich von dem Rindenpulver 1 Prise in mit Honig gesüßter Milch.

Frauenmantel (Alchemilla vulgaris)

Der Volksmund sagt:
Jungfernmantel, Löwenfuß, Sienäuglein, Wiesen-Frauenmantel, Hütchen, Aschnitz, Helft, Löwenfuß, Sienau, Wundwurz, Taubecher und Taukraut.

Allgemeines: Auf dem handförmigen Blatt des gemeinen Frauenmantels sitzen kleine Perlen, die durch das Schwitzen der Pflanze entstanden sind. Seine kleinen blaßgrünen Blüten besitzen keine

	Blütenblätter. Das Kraut erreicht eine Höhe von 15-30 cm.
Fundort:	Der Frauenmantel wächst hauptsächlich auf feuchten Wiesen und an Waldrändern.
Ernte:	Im Juni und Juli pflückt man bei trockenem Wetter die Blüten des Frauenmantels. Die Sammelzeit der Wurzeln liegt zwischen September und Oktober.
Enthält:	Gerbstoffe, Bitterstoffe und Saponine.
Wirkungsweise:	Harn- und schweißtreibend, verdauungsfördernd, blutstillend, schleim- und steinlösend sowie kreislaufstärkend.
Anwendung:	Bei Blutungen, Darmbeschwerden, Magenbeschwerden, Unterleibsleiden, Schwindelgefühlen, Fettleibigkeit, Verstopfungen. Leistet sehr gute Dienste selbst bei Zuckerkrankheit.
Zubereitung:	Aufguß: 4 Teelöffel getrocknetes und feingeschnittenes Kraut, mit 1/4l kochendem Wasser übergossen, läßt man etwa 10 Min. ziehen und trinkt täglich 2 Tassen. Breiumschläge: Frische Frauenmantelblätter werden zerquetscht, auf die Wunden gelegt und alle 10 Min. gewechselt.

Hand- und Fußbäder: Man nimmt 2 Handvoll getrocknete Blätter auf 1 l Wasser.

Ginster
(Genista tinctoria)

Der Volksmund sagt:
Besenginster, deutscher Ginster, Goldkraut, Gilbkraut, Witschen, Weiberzorn, Stechginster, Stechpfriemen, Hasenbrahm und Rehheide.

Allgemeines: Der holzige Stengel besitzt eine Höhe von 30-60 cm. An den Ästen sitzen ungestielte, feinbehaarte Blätter, und seine rispenförmigen Blüten sind von leuchtendgelber Farbe.

Fundort: Wir finden ihn in trockenen Wäldern, auf hochliegenden Wiesen und auf Lichtungen.

Ernte: In den Sommermonaten sammeln wir das Kraut, den Samen und die Blüten.

Enthält: Cytisin und Alkaloide.

Wirkungsweise: Stoffwechsel- und kreislaufanregend, harn- und schweißtreibend, verdauungsfördernd und schleim- und steinlösend.

Anwendung: Regt den Kreislauf an, hilft bei Herzschwäche und niedrigem Blutdruck, bei Gicht, Rheuma, Wassersucht,

Gries- und Steinleiden, Verstopfungen und Blasenbeschwerden.

Zubereitung: Ein Absud von Blüten und Zweigen: Wir geben dafür 4 Eßl. auf 1/4l Wasser. Es wird täglich 1 Tasse voll getrunken.

Goldrute (Solidago virga aurea)

Der Volksmund sagt:
Gewöhnliche Goldrute, Goldraute, Unsegenkraut und Heidnischwundkraut.

Allgemeines: Der 1m hohe, aufrechtstehende Stengel trägt eine goldgelbe Blüte. Am Grund sitzen eiförmige Blätter.

Fundort: Die Goldrute bevorzugt trockene Waldwiesen, Holzschläge und ist auch an den Wegrändern zu finden.

Ernte: Die aromatisch duftende Pflanze sammeln wir zwischen August und September. Zu Heilzwecken verwenden wir nur die oberen blühenden Teile der Pflanze.

Enthält: Saponine.

Wirkungsweise: Harntreibend und blutreinigend.

Anwendung: Nieren- und Blasenleiden, Angries, Hautausschlag und Halsentzündungen.

Zubereitung: Abkochung: 1 Eßl. fein zerschnittenes Kraut wird ein paar Minuten in 1/8l Wasser gekocht.

Ein Aufguß von 25 Gramm auf 1/4l Wasser wird als Gurgelwasser bei Mund- und Rachenhöhlenerkrankungen verwendet.

Habichtskraut (Hieracium pilosella)

Der Volksmund sagt:
Mauseöhrchen, Dukatenröschen, Nagelkraut oder Mausohrkraut.

Allgemeines: Der 20 cm hohe Stil wächst aus der Blütenrosette heraus und trägt gelbe Blütenkörbchen mit rötlichem Rand.

Fundort: Auf trockenen Weiden, trockenen Grasplätzen, Hügeln, auf Heiden, lichten Waldstellen und besonders auf sonnigem, steinigem Kalkboden finden wir das Habichtskraut.

Ernte: Am besten bei strahlendem Sonnenschein im Sommer sammeln wir die Blüten des Krautes.

Enthält: Gerb- und Bitterstoffe und Schleim.

Wirkungsweise: Zusammenziehend, entzündungshemmend und stärkend.

Anwendung: Bei Durchfall, chronischem Magenkatarrh, Ruhr, Wassersucht, Wechselfieber, Nieren- und Blasensteinen, inneren Geschwüren, Augenentzündungen, Blutarmut, Blutverlust, Samenfluß, außerdem bei Mandel- und Halsentzündungen. Gurgelwasser mit Habichtskrautzusatz heilt angegriffenes Zahnfleisch.

Zubereitung: Man bereitet einen Aufguß aus 1-2 Teelöffeln zerkleinerten, blühenden Pflanzenteilen, in 1/4l kochendes Wasser gegeben.

Für eine Abkochung läßt man diese Menge nur bis auf 1/8l zusammenkochen und hat so eine Tagesration.

Hagebutte
(Rosa canina)

Der Volksmund sagt:
Heckenrose, Hundsrose, wilde Hundsrose, Weinrose und Hetschepetschen.

Allgemeines: Der 3m hohe, dornige Strauch besitzt kleine stachelige Zweige und hat rosa Blüten (Röschen), aus denen später orangefarbige bis rote Früchte entstehen.

Fundort: Den Strauch findet man an Waldrändern, Zäunen, zwischen dem Gebüsch, an Hecken und in unseren Gärten.

Ernte: Wir sammeln seine leuchtendroten Früchte von Juni bis Herbst.

Enthält: Zahlreiche Mineralstoffe wie Kalium, Calcium, Magnesium, Phosphor, Aluminium und die Vitamine Carotin, Vitamin B 1, B 2 und reichlich Vitamin C, mehr noch als Apfelsinen und Zitronen.

Wirkungsweise: Harntreibend, schmerzlindernd und desinfizierend.

Anwendung: Regelmäßig Hagebuttentee getrunken, beugt Erkältungs- und Infektionskrankheiten vor. Die Kerne helfen bei Rheuma, Gicht, Ischias und Nierenleiden.

Zubereitung: Aufguß oder Absud: Auf 1l kochendes Wasser 1/2 Handvoll Blütenblätter geben, wovon man 3-4 Tassen täglich trinkt.

Aufguß aus Früchten: Samen und Haare werden entfernt, 1 Handvoll Fruchtfleisch mit 1l Wasser übergossen und 10 Min. stehengelassen.

Pulver: Die getrockneten, enthaarten und entkernten Früchte werden zu Pulver zerrieben. 1 kleine Prise täglich hilft sehr gut gegen Skorbut.

Sirup: Die Schalen der Früchte müssen 2-3 Tage in Rotwein ausziehen, werden dann abgeseiht, und man fügt die gleiche Menge Zucker hinzu. Das ganze darf nur erhitzt werden, niemals gekocht, da man sonst das Vitamin C zerstört.

Marmelade: Die Früchte werden nach dem ersten Frost gepflückt und wie oben gesäubert. Dann zerhackt man sie und gibt die gleiche Menge Zucker hinzu. Das Ganze wird solange gerührt, bis eine Marmelade entsteht. Dies ist die schonendste Weise der Herstellung, da das gesamte Vitamin C erhalten bleibt.

Likör: 1 kg Hagebutten und 500 Gramm Kandiszucker gibt man in 3l Branntwein und läßt das ganze 14 Tage bis 1 Monat lang stehen. Dieser Likör ist besonders in kleinen Mengen älteren Leuten zu empfehlen.

Hand- und Fußbäder: Auf 1l Wasser nehmen wir 1 Handvoll Früchte oder Blütenblätter oder Knospen.

Hirtentäschel (Capsella bursa pastoris)

Der Volksmund sagt:
Tascherlkraut, Gänsekresse, Blutkraut, Muttergottesbrot, Hirtentäschelkraut, Kochlöffel, Beuteldieb und Täschelkraut.

Allgemeines:	Die Blüte des kleinen Krautes ist eine 10 cm hohe Rispe. Sie ist von unansehnlichem Weiß und verwandelt sich später in kleine Schoten.
Fundort:	Das kleine Kraut ist auf Äckern, an Wegen, auf Schuttplätzen und in unseren Gärten beheimatet.
Ernte:	Vor der Blütezeit (Mai bis Herbst) sammeln wir die Blätter und später auch die Schoten.
Enthält:	Cholin, Alkaloide und Gerbstoffe. 1
Wirkungsweise:	Blutstillend und zusammenziehend.
Anwendung:	Bei Verletzungen, offenen Wunden, Blutspucken, bei akuten Blutungen des Magens und bei zu starker und zu langer Regelblutung.
Zubereitung:	Ein Aufguß gegen alle Blutungen: 2 Handvoll frischer bzw. 1 Handvoll getrockneter Pflanzen läßt man in 1l Wasser 1 1/2 Stunden lang ziehen und trinkt von dieser Mischung 4-5 Tassen täglich.

Hirtentäschel

Saft: Die frischen Pflanzen werden ausgedrückt, so daß man 1 Glas voll Saft erhält. Dies, mit ein wenig Honig abgeschmeckt, trinkt man in kleinen Schlucken über den Tag verteilt.

Sitzbäder: Zu empfehlen bei zu starken Regelblutungen ist dieses Rezept: Man nimmt 1 Handvoll getrockneter oder 1 1/2 Handvoll frischer Pflanzen auf 1l Wasser.

Holunder, schwarzer (Sambucus nigra)

Der Volksmund sagt:
Flieder, Holder, Holler, Altholder, Wacholder, Siebekenstrauch, Eller, Ellhorn und Pisseke.

Allgemeines: Den schwarzen Holunder findet man als Strauch oder als Baum, der bis zu 8m hoch werden kann. Seine Rinde ist warzig und seine holzigen Zweige enthalten ein weiches Mark. Seine Blätter sind gezackt und die gelblich weißen Blüten stehen in großen Dolden zusammen.

Fundort: Der wildwachsende schwarze Holunder bevorzugt feuchte, schattige Stellen, und man trifft ihn auch an Hecken, auf Schuttplätzen und im Unterholz an.

Ernte:	Wir verwenden Blätter, Blüten, Rinde und Wurzeln, welche im Sommer und Herbst gesammelt werden.
Enthält:	Ätherische Öle, Zucker, Apfelsäure, Saponine, Alkaloide, wie auch die Vitamine B 1, B 2, C, Carotin und Ascorbinsäure, Magnesium, Phosphor, Kalium und Calcium.
Wirkungsweise:	Schweiß- und harntreibend, schmerzstillend und blutreinigend.
Anwendung:	Gegen Neuralgien, Ischias, Grippe, Bronchialbeschwerden, Husten, Nervenentzündungen, Kreislaufbeschwerden. Äußerlich angewandt bei Geschwüren und Beulen.
Zubereitung:	Holunderblütentee: 1 Teelöffel getrocknete Blüten werden mit 1 Tasse heißem Wasser übergossen. Täglich 3 Tassen davon bekämpfen Grippe oder Bronchitis. Dieser Aufguß eignet sich auch hervorragend, allerdings in der geeigneten Menge, als Badezusatz, für Gesichtsdampfbäder und für Augen- und Hautkompressen. Für eine blutreinigende Frühjahrskur nimmt man 6-8 feingeschnittene Holunderblätter, die man 10 Min. kocht und auf nüchternen Magen trinkt.

Hopfen

Holundersaft: Die Beeren werden abgepflückt, gesäubert, zum kochen gebracht und schließlich durch ein Tuch geseiht. Der Saft wird dann unter ständigem Rühren zu Sirup gekocht und nach dem Erkalten am besten in ein Steingefäß gefüllt und dort aufbewahrt.

Hopfen (Humulus lupulus)

Der Volksmund sagt:
Hoppen, Hopf oder Hupfen.

Allgemeines: Das krautähnliche Schlinggewächs wird bis zu 6m lang. Die langstieligen Laubblätter sitzen an graubehaarten Stengeln. Aus den zapfenartigen Blütenkolben entwickeln sich grünlichgelbe Hopfendolden. Bei den kleinen Früchten sitzen zahlreiche kleine Drüsen.

Fundort: Wir finden den Hopfen in feuchten Gebüschen, an Waldrändern, an Hecken, an Zäunen und an Flußufern.

Ernte: Die von Juli bis September blühende, würzigduftende Pflanze trägt im September ihre Früchte. Die jungen Triebe, welche wir für die Salatzubereitung benutzen, sammeln wir im März und April. Im Juli und August ernten wir die Blüten und im September die Hopfenzapfen.

Enthält: Harze, Bitterstoffe und ätherische Öle.

Wirkungsweise: Bei Schlaflosigkeit, Herzklopfen, Appetitlosigkeit, bei Blasenbeschwerden, Verdauungsschwäche, Leberleiden, Schleimfluß, Gelbsucht und Gallenleiden, Bleichsucht, Schlaflosigkeit, bei Erregungszuständen aller Art, besonders bei sexueller Überreizung.

Anwendung: Die Hopfensprossen sind ein leckerer Zusatz in Salaten.

Zubereitung: Hopfentee: 1-2 Teelöffel Hopfenzapfen, mit 1 Tasse kochendem Wasser übergossen, ist am besten abends vor dem Schlafengehen zu trinken.

Johannisbeere, schwarze (Ribes nigrum)

Der Volksmund sagt:
Albesing, Alpenbeere, Bocksbeere, Schwerzeitbeere, Stinkbaum, Wanzenbaum, Wanzenbeere, Apenbeere, Wendelbeere und Ahlbeere.

Allgemeines: Der Johannisstrauch wird bis zu 2m hoch und verströmt einen widerlichen Wanzengeruch. Aus den in Trauben stehenden Blüten entwi-

Johannisbeere

	ckeln sich die schwarzen Beerenfrüchte.
Fundort:	In Erlenbrüchen, an Ufern, auf Flachmooren, in Sümpfen und feuchtem Gebüsch finden wir die Johannisbeere, die heute in vielen Gärten gezogen wird.
Ernte:	Wir ernten die Beeren, Rinde und Blätter, und zwar zur Zeit der Beerenreife von Juli bis August.
Enthält:	Fruchtsäuren, Texin und die Vitamine C, C 2, J und B, die Blätter enthalten ätherische Öle.
Wirkungsweise:	Blutreinigend, desinfizierend und anregend.
Anwendung:	Bei Infektionskrankheiten, Lungenentzündung, Nierenleiden, Arterienverkalkung, Wassersucht, schmerzhaftem Urinieren, Koliken, Migräne, Hustenanfällen wie auch bei Halsschmerzen und Heiserkeit.
Zubereitung:	Johannisbeerwein: Auf 3 kg ausgepreßte Beeren gibt man 2 kg Zucker, in 2l Wasser aufgelöst. Man würzt mit Zimt und der gleichen Menge Pfefferminzblättern, und nach einer Gärungszeit von 2-3 Wochen wird das Ganze abgeseiht und in eine gut verschließbare Flasche gefüllt. Für den Johannisbeerwein dürfen selbst-

verständlich nur überreife Beeren verwendet werden, um ein Sauerwerden des Weines zu verhindern.

Johannisbeerlikör: Reife schwarze Johannisbeeren werden zerquetscht und kommen mit einigen Blättern Pfefferminze in Branntwein. Nach 8tägigem Auszug, möglichst der Sonnenbestrahlung ausgesetzt, wird das Ganze abgeseiht und der Auszug nach Belieben mit Zucker vermischt.

Kalmus
(Acorus calamus)

Der Volksmund sagt:
Deutscher Zettwer, Magenwurz, Brustwurz, Ackerwurz oder Gewürzkalmus.

Allgemeines: Der Kalmus besitzt 90-120 cm hohe, schwertförmige grasgrüne Blätter. Der goldgelbe Blütenstand hat die Form einer Ähre. Der fingerdicke Wurzelstock wächst fast horizontal unter der Erde, und die aromatisch riechende Wurzel hat einen recht bitteren Geschmack.

Fundort: An Bächen, Teichen, Flüssen und Seen sowie in sumpfigen Gegenden finden wir den Kalmus.

Ernte:	Die Wurzeln werden vom Frühjahr bis in den Herbst gesammelt.
Enthält:	Ätherische Öle mit Asaron, die Gerb- und Schleimstoffe.
Wirkungsweise:	Verdauungsstärkend, magenstärkend, kräftigend und harntreibend.
Anwendung:	Bei Magen- und Verdauungsstörungen, Koliken, Blutarmut, Blähungen, Magenschmerzen, Blasenbeschwerden und auch bei Entzündungen wie z.B. Zahnfleischentzündungen.
Zubereitung:	Kalmustee: 1 Teelöffel getrocknete Wurzel wird im kalten Wasser angesetzt und dann aufgekocht. Davon sollte nur 1 Tasse täglich getrunken werden. Ein Abkochung eignet sich auch besonders gut als Badezusatz, jedoch bei Durchfall wird davon abgeraten, da Kalmus die Darmtätigkeit stark anregt. Kalmustinktur hat die gleichen Eigenschaften wie der Tee. Von der Tinktur kann man täglich bis zu 30 Tropfen einnehmen.

Klatschmohn (Papaver rhoeas)

Der Volksmund sagt:
Klatschrose, Feldmohn, Klapperrose, Kornmohn oder Feuermohn.

Allgemeines:	Der Klatschmohn erreicht eine Höhe von 85 cm, und seine Blüten leuchten, von Mai bis Juli, in einem leuchtenden Rot. Die ganze Pflanze enthält einen Milchsaft, der nicht verwendet werden darf.
Fundort:	Er wächst auf Wiesen und Getreidefeldern, sowie an Wegrändern.
Ernte:	Wir ernten das Kraut, die Blüten und die im August und September reifen Kapseln.
Enthält:	Alkaloid Rhoeadin und Schleim.
Wirkungsweise:	Der Klatschmohn ist in der Volksheilkunde als beruhigendes und schmerzstillendes Mittel bekannt.
Anwendung:	Bei Schlafstörungen, Brust- und Lungenleiden, Heiserkeit, Verschleimungen, zur Beruhigung bei Reiz- und Keuchhusten.
Zubereitung:	Man sollte nur einen sehr schwachen Aufguß verwenden, da bei höheren Dosierungen die Wirkstoffe des Klatschmohns zu Vergiftungserscheinungen führen können.

Klatschmohn

Klette
(Arctium lappa)

Der Volksmund sagt:
Wolfskraut, Haberle, Kladde, Klusen, Klettenwurz, kleine Klette, Hopfenklette und Grintwurz.

Allgemeines:	Die bis über 1m hoch werdende Pflanze trägt direkt am Wurzelstock fast 50 cm lange und 30 cm breite Blätter, die sich nach oben hin verkleinern. Diese Blätter haben ein herzförmiges Aussehen und sind wie mit weißem Wollfilz bedeckt. Seine körbchenförmigen Blüten strahlen in purpurroter Farbe.
Fundort:	Auf Schuttplätzen, Wiesen, an Mauern und an Wegrändern.
Ernte:	Die zweijährigen Wurzeln der Pflanze werden von März bis April und von September bis Oktober gesammelt, die Blätter von Juli bis August.
Enthält:	Ätherische Öle, Inolin, Gerbstoffe und Schleim.
Wirkungsweise:	Blutreinigend, harn- und schweißtreibend, galletreibend und haarwuchsfördernd.
Anwendung:	Gicht, Rheuma, Lebererkrankungen und äußerlich bei Ekzemen, Flechten, Furunkeln, Milchschorf, Geschwüren und Haarausfall.

Zubereitung: Klettentee: Die gehackte Wurzel läßt man einige Stunden in kaltem Wasser ziehen. Dann gibt man 1 Teelöffel auf 1 Tasse Wasser und erwärmt. Von diesem Tee trinkt man täglich 2 Tassen.

Wurzelabkochung: 20 Gramm Wurzelpulver werden hierfür mit 1/2l heißem Wasser übergossen.

Haarwuchsmittel: Wir nehmen 10 Gramm Wurzelpulver auf 1/4l Wasser und fügen etwas Obstessig bei.

Gegen Akne: Man bereitet einen Brei aus der frischen Wurzel. Dafür werden sie zerhackt und zerquetscht und als Maske oder Umschlag verwendet.

Knöterich (Vogelknöterich) (Polygonum aviculare)

Der Volksmund sagt:
Blutkraut, eiserner Heinrich, Flohkraut, Ferkelkraut, Gentinodenkraut, großer Wegtritt, Jungferntritt, Knotengras, Zerrgras, Sauergras, Schweinsgras, Tausendknoten und Weggras.

Allgemeines: Die Stengel besitzen rötlichbraune Knoten, und die an den Blattachsen stehenden Blüten haben eine weiße bis blaßrote Färbung. Die verzweigten Stengel winden sich am Boden,

	und seine Blätter sind eiförmig und unscheinbar.
Fundort:	An Weg- und Bachrändern, auf Äckern, auf Schuttplätzen, im Gebirge, an Gräben und besonders auf steinigem Boden.
Ernte:	Von August bis September wird das blühende Kraut, allerdings ohne Wurzeln, gesammelt.
Enthält:	blühend Gerb- und Schleimstoffe sowie ätherische Öle.
Wirkungsweise:	Krampflösend, schmerzstillend und blutverbessernd.
Anwendung:	Bei Lungen- und Nierenleiden, Steinbeschwerden, Rheumatismus, Gicht, Hämorrhoiden, Durchfall, schmerzenden Monatsblutungen, Krämpfen, Durchfall, Blasenleiden, Erkrankungen der Atmungsorgane, sowie bei Blasen-, Darm- und Nierenblutungen.
Zubereitung:	Knöterichtee: Man gibt 1 gehäuften Teelöffel des getrockneten Krautes auf 1 Tasse Wasser.

Kümmel
(Carum carvi)

Der Volksmund sagt:
Echter Kümmel, Wiesenkümmel, Garbe, Kimmich, Feldkümmel und Kuhmach.

Allgemeines:	Er besitzt weiße bis rötlichblühende Blütendolden, einen kantigen Stengel, und seine längliche Frucht ist braun. Die untersten Fiedern jedes Blattes sind über kreuz gestellt, was ein besonderes Merkmal des Kümmels ist.
Fundort:	Der Kümmel stammt ursprünglich aus Nordeuropa und wächst heute auf unseren Wiesen an Wegrändern, Bahndämmen und in unseren Gärten.
Ernte:	Die Wurzeln werden im April gesammelt und die Samen, wenn sie reif sind, von Juli bis August.
Enthält:	Ätherische Öle mit Carvon und Limonen.
Wirkungsweise:	Verdauungsfördernd, blähungstreibend, magenstärkend, schleimlösend, beruhigend und stärkend.
Anwendung:	Bei Magen- und Darmbeschwerden, Blähungen, Kolik, Unterleibskrämpfen, mangelndem Appetit, schlechter Verdauung, Leibschmerzen, Menstruationsstörungen. Kümmel ist

auch bei Milchmangel stillender Frauen zu empfehlen.

Zubereitung: Kümmelkur: 2 Handvoll Kümmel legt man 3 Tage in Weinessig ein. Der Kümmel wird nun aufgefangen, und man läßt ihn gut trocknen. Jeden Abend nimmt man 1/2 Teelöffel Kümmel ein und zerkaut ihn ganz langsam.

Bei Krämpfen hilft Kümmelsamen in Schnaps eingelegt und 2 Wochen in der Sonne stehen gelassen, täglich 1 Teelöffel davon eingenommen.

Bei Koliken, Blähungen und schlechter Verdauung empfiehlt sich die Einnahme von 3 Teelöffeln zerstoßener Kümmelkerne, 10 Minuten in Milch ziehen gelassen, und diese dann entfernt.

Lavendel (Lavandula vera)

Der Volksmund sagt:
Zitterblümchen, Spiket, Balsam, Fanda, Hirnkraut, Nervenkräutlein und Schwindelkraut.

Allgemeines: Der bis zu 1m hoch werdende Halbstrauch hat vielästige, vierkantige Stengel, seine jungen Blätter sind graubehaart, und seine blauen Blüten umgeben den Stengel und bilden so eine Blütenähre.

Fundort: Die angenehm aromatisch duftende Pflanze wird häufig in unseren Gärten gezogen.

Ernte: Im Juli und September werden die Blüten und die Blätter gesammelt.

Enthält: Ätherische Öle mit Linalool, Geraniol, Kumarin, Bitter- und Gerbstoffe, Harze.

Wirkungsweise: Beruhigend, krampflösend, galletreibend und drüsenanregend.

Anwendung: Migräne, Nervenschwäche, Ohnmacht, Schlaflosigkeit, Husten, bei Katarrhen des Magen- und Darmkanals, Angstzuständen, Augen- und Ohrenleiden, äußerlich bei Quetschungen, Verrenkungen, Rheuma, Ischias und neuralgischen Schmerzen.

Zubereitung: Lavendeltee: Für den Aufguß nehmen wir 1 Teelöffel Kraut auf 1 Tasse Wasser und trinken täglich 1-2 Tassen. Von dem Lavendelöl, welches appetit- und verdauungsanregend wirkt, nehmen wir zweimal täglich 5 Tropfen auf ein wenig Zucker.

Malve
(Malva silvestris)

Der Volksmund sagt:
Roßpappel, wilde Malve, Schwellkraut und Berwinde.

Allgemeines:	Die Malve besitzt etwa 40 cm hohe behaarte Stengel und trägt hellrote bis violettfarbene Blüten.
Fundort:	An Wegrändern, Zäunen und auf Schuttplätzen.
Ernte:	Die Blätter und Blütenblätter werden während der Blütezeit vom Sommer bis zum Herbst gesammelt.
Enthält:	Schleim, Gerbstoffe, Stärke und Farbstoffe.
Wirkungsweise:	Reizmildernd, erweichend, zusammenziehend und entzündungshemmend.
Anwendung:	Bei Mandelentzündungen, Bronchitis, Bronchialkatarrh, Magen- und Darmkatarrh, Heiserkeit, Entzündungen, sowie als Gurgelwasser bei Zahnfleisch,- Mund- und Rachenentzündungen, und äußerlich angewandt bei Hämorrhoiden, Geschwüren wie auch bei Lidrandentzündungen.
Zubereitung:	Man übergießt 1 Eßlöffel Kraut mit 1 Tasse kochendem Wasser, läßt das

Ganze 10 Minuten ziehen und trinkt davon 3 Tassen täglich.

Meerettich (Cochlearia armoracia)

Der Volksmund sagt:
Kren, Morrettig, Fleischkraut, Green, Marr-Reddig, Pferderadies, Mähr-Rettig, Bauernsenf und Rachenputzer.

Fundort:	Den wildwachsenden Meerettich findet man an Wegen, Gräben oder auf Schuttplätzen. In unseren Gärten wird er auf nährstoffreichem Boden gezogen.
Allgemeines:	Die Pflanze besitzt eine weiße, sehr fleischige Wurzel. Sie erreicht eine Höhe bis zu 1 m, und ihre weißen Blüten sitzen in Traubenform am Ende der Stengel und Zweige.
Ernte:	Die Sammelzeit liegt zwischen September und Februar. Von der Pflanze verwenden wir nur die Wurzeln.
Enthält:	Senfölglykosid und Senföl.
Wirkungsweise:	Innerlich bei Verstopfungen, Bronchialkatarrh oder Wasseransammlungen. Äußerlich als Umschläge bei Zahnschmerzen, Magenkrämpfen, Ischias, Rheuma, Nervenentzündungen, Insektenstichen.

Zubereitung: Meerettichwein: Wir nehmen 60 Gramm Meerettichwurzel auf 1 l Wein. Dieser Wein ist ein beliebtes Einreibemittel.

Die geriebene Wurzel, in Milch eingeweicht, gibt eine saubere, glatte Haut und bleicht Sommersprossen und Altersflecken aus. Für Meerettichumschläge reiben wir die Wurzel fein und streichen sie auf die entsprechende Hautstelle. Sie helfen besonders bei Rheuma, Gicht und Ischias.

Melisse (Melissa officinales)

Der Volksmund sagt:
Frauenwohl, Herbsttrost, Gartenmelisse, Zitronenmelisse, Honigblatt, Mutterkraut und Zitronenkraut.

Allgemeines: Die 1m hohe Pflanze besitzt eiförmige, gekerbte, krause Blätter und weißlichrote bis rötliche Blüten. Die Blätter verströmen einen zitronenartigen Geruch.

Fundort: Die von Juli bis September blühende Pflanze wird hauptsächlich bei uns in den Gärten angebaut.

Enthält: Ätherische Öle, Gerb- und Bitterstoffe.

Wirkungsweise:	Schleimlösend, beruhigend, schweißtreibend, schmerz- und krampflösend.
Anwendung:	Bei Melancholie, Hypochondrie, Hysterie, Schlaflosigkeit, Herzschwäche, Kopfschmerzen, Migräne, Rheuma, Magen- und Darmkrämpfen, empfiehlt sich bei Übelkeit während der Schwangerschaft, bei Fieberkranken wie auch bei schlechtem Atem, Ohren- und Zahnschmerzen. Äußerlich angewandt bei Wunden und Insektenstichen.
Zubereitung:	Das Kraut sollte nicht länger als 1 Jahr aufbewahrt werden, da es mit der Zeit seine Heilwirkung verliert. Menschen mit sehr empfindlichem Magen können bedenkenlos morgens und abends, selbst über längere Zeiträume, den Melissentee trinken.

Melissentee: Man nimmt 5 Gramm auf 1/4l Wasser.

Melisse in Weißwein: Die Blätter werden 5 Minuten in Weißwein gekocht, man erhält so ein »Universalmittel«.

Ein besonders gutes Mittel, welches wir bei Wunden wie Prellungen, Schürfungen und auch bei Wespenstichen verwenden, besteht aus 150 Teilen Spiritus, 250 Teilen Wasser, 15

Teilen Melisse, 12 Teilen Zitronenschale, 6 Teilen Muskatnuß, 3 Teilen Zimtkassie und 3 Teilen Gewürznelken.

Myrrhe (Commiphora abyssinica)

Allgemeines: Die Pflanze stammt ursprünglich aus Nordostafrika. Sie enthält ätherische Öle und Bitterstoffe.

Wirkungsweise: Magenstärkend, verdauungsfördernd und reinigend.

Anwendung: Bei Verdauungsstörungen, Darmkatarrhen, ferner ist sie gut geeignet bei der Wurmbehandlung. In der Heilkunde wird Myrrhe hauptsächlich als Tinktur verwendet und ist besonders als Gurgelwasser für sehr weiches Zahnfleisch zu verwenden.

Nelkenwurz (Geum urbanum)

Der Volksmund sagt:
Bachnelkenwurz, Blutwurz, echte Bachnelkenwurz oder echte Nelkenwurz.

Allgemeines: Die 60 cm hohe, gelblich blühende Pflanze hat einen fingerdicken, rosigen Wurzelstock.

Fundort:	Der Nelkenwurz wächst auf Waldwiesen, feuchten Schutt- oder Steinhaufen, an Hecken, Zäunen und auf nassen Wiesen.
Ernte:	Von der Pflanze werden das blühende Kraut und die Wurzeln verwendet.
Enthält:	Öle mit Eugenol, Gerb- und Bitterstoffe, Harze und Flavon.
Wirkungsweise:	Schmerzlindernd, stopfend und keimwidrig.
Anwendung:	Bei Durchfällen, Menstruations- oder Leberbeschwerden, Hämorrhoiden, Verdauungsstörungen und Kolik. Äußerlich als Gurgelmittel bei Zahnfleisch- und Halsentzündungen.
Zubereitung:	Nelkenwurztee: 1 Teelöffel Blütenblätter oder Wurzelpulver wird mit 1 Tasse heißem Wasser übergossen. Nelkenwurzöl: 5-8 Tropfen werden in 1 Eßlöffel warmes Wasser gegeben. Von dem Tee und von dem Öl können täglich 2 Tassen bzw. 2 Eßlöffel voll genommen werden.

Odermennig (Agrimonia eupatoria)

Der Volksmund sagt:
Beerkraut, Königskraut, Leberklette, Adermenning, König aller Kräuter, Bruchwurz oder Heilallerwelt.

Allgemeines:	Am aufrechten Stengel sitzen graue, gelbgrünliche, gefiederte Blätter. Seine goldgelben Blüten bilden eine Ähre. Seine Blätter verbreiten einen bitteren, aromatisch würzhaften Geruch.
Fundort:	An Wegrändern und auf Wiesen, wobei die Pflanze warme sonnige Stellen bevorzugt.
Ernte:	Von dem Odermennig werden nur die Blätter, in der Zeit von Mai bis Juni, gesammelt.
Enthält:	Ätherische Öle, Bitter- und Gerbstoffe.
Wirkungsweise:	Verdauungsfördernd, schmerzlindernd und schlaffördernd.
Anwendung:	Bei Leber- und Magenleiden, Rheuma, Hautkrankheiten, Verdauungsstörungen, Blasenleiden und Halsschmerzen. Äußerlich angewandt bei Gliederschmerzen und Müdigkeit, sowie auch bei Geschwüren, Wunden, Krampfadern und Schlangenbissen.
Zubereitung:	Odermennigtee: 3 Eßlöffel des Krautes auf 1/4l Wasser, wovon dreimal täglich eine kleine Tasse schluckweise getrunken wird. Ein Absud in größerer Menge, jedoch im gleichen Ver-

hältnis, eignet sich sehr gut als Badezusatz.

Paprika
(Capsicum annuum)

Der Volksmund sagt:
Roter Pfeffer, Gewürzschoten und spanischer Pfeffer.

Allgemeines:	Die Kulturpflanze Paprika gibt es in vielen verschiedenen Formen, Farben und Geschmacksrichtungen.
Fundort:	Der Paprika ist in den Mittelmeerländern beheimatet. Bei uns gedeiht er nur in Gewächshäusern, da für seinen Wuchs bestimmte klimatische Bedingungen vorausgesetzt werden müssen.
Enthält:	Capsacotin, Capsaincin, Capsicol, Spuren ätherischen Öls, fettes Öl und einen Farbstoff, sowie vor allem einen großen Anteil an Vitamin C. Die unreifen, grünen Früchte enthalten die meisten Vitamine und einen Anteil an Carotin.
Wirkungsweise:	Harntreibend, desinfizierend und stärkend.
Anwendung:	Appetitlosigkeit, Vitaminmangel, Rheuma, Durchblutungsstörungen, Scharlach, wirkt anregend auf Ma-

gen, Drüsen und Nerven sowie desinfizierend auf Mund, Schleimhäute, Magen und Darm. Der Paprika ist vor allem bei Beschwerden während der Wechseljahre zu empfehlen.

Zubereitung: Der Paprika ist ein wohlschmeckendes Gemüse, welches in der Küche vielseitige Verwendung findet. Wir können es braten oder kochen, Eintöpfe anreichern, doch am nahrhaftesten ist der Paprika als Rohkost, z.B. verwendet als Salat. Den Paprikaessern wird nachgesagt, daß sie zäh, gesund und langlebig seien.

Paprikatinktur (siehe unter Tinkturen) findet Verwendung zur äußerlichen Behandlung. Beschwerden wie Rheumatismus, Angina pectoris, Brust- oder Rippenfellentzündungen werden durch Paprika gelindert.

Petersilie (Petroselinum hortense)

Der Volksmund sagt:
Peterchen, Peterling, Peterlein, Bitterseelchen oder Silk.

Allgemeines: Die Petersilie gehört zu der Familie der Doldengewächse. Ihre Blätter sind hellgrün und besitzen, je nach Gattung oder Art, verschiedene Formen. Auf den kantigen Stielen sitzen

	weiße Blüten. Die Wurzel der Petersilie ist weiß und dünn, und die ganze Pflanze verbreitet einen würzigen Geruch.
Fundort:	Die Petersilie ist eine Verwandte des Fenchels, des Selleries und auch des Schierlings, dem ihre Blüten und Blätter recht ähnlich sehen. Aus diesem Grunde sei Unerfahrenen davon abgeraten, die Pflanze in der Natur zu suchen. Günstiger ist es, das unkomplizierte Kraut im eigenen Garten anzupflanzen.
Ernte:	Das Kraut wird während der Blütezeit, von Juni bis Juli, gesammelt, die Wurzel im Frühjahr oder Herbst, also im April oder im Oktober bis November.
Enthält:	Ätherische Öle, in welchen auch das giftige Apiol enthalten ist, Glykosid Apiin und die Vitamine A, B und C.
Wirkungsweise:	Blähungs- und harntreibend, appetitanregend, krampfstillend und verdauungsfördernd.
Anwendung:	Regt die Schweißproduktion an, senkt Fieber, hilft bei Leberkrankheiten, Gelbsucht, Ekzemen, Cellulitis, Rheumatismus, Gicht, Neuralgien, Kopfschmerzen, Darmkatarrh und Unterleibskrämpfen.

Zubereitung:

Aufguß: 1 Handvoll frischer Blätter auf 1l Wasser, täglich 2 Tassen nach den Mahlzeiten getrunken, erleichtert die Verdauung.

Absud aus Wurzeln: 1 Handvoll Wurzeln auf 1l Wasser. Davon 2 Tassen täglich getrunken wirkt harntreibend. Werden anstatt der Wurzeln die Samenkörner verwendet, so erhalten wir ein Mittel, das die Leberfunktion unterstützt.

Von dem frischen Saft sollte täglich bis zu 1 Glas getrunken werden, von den pulverisierten, getrockneten Blättern nimmt man täglich 2 Prisen.

Zur äußerlichen Anwendung, wie z.B. Kompressen, Augenlotionen oder Haarspülungen, nimmt man 1 Handvoll frische Blätter und übergießt diese mit 1l Wasser.

Für Hand- und Fußbäder gilt das gleiche Mengenverhältnis wie für den Absud. Es ist jedoch ratsam, ein Gemisch aus Blättern, Wurzeln und Samenkörnern zu verwenden. Hand- und Fußbäder sind besonders zu empfehlen bei Asthma, Husten, Menstruationsbeschwerden und Beschwerden der Wechseljahre.

Breiumschläge stellen wir aus den gehackten frischen Blättern her. Sie helfen bei allgemeinen Schmerzen, Milchstauungen oder Insektenstichen.

Quendel (Thymus serpyllum)

Der Volksmund sagt:
Feldthymian, Sandthymian und Feldkümmel.

Allgemeines: Der in Bodennähe recht holzige und ringsum behaarte Stengel besitzt lederartige, längliche, elipsenförmige Blätter, die, wenn man sie zwischen den Fingern zerreibt, sehr stark riechen. Seine kolbigen kleinen Scheinähren sind von rötlicher Farbe. Die in die Familie der Lippenblüter gehörende Pflanze erreicht eine Höhe von 5-30 cm.

Fundort: Die Pflanze bevorzugt lockeren, sandigen oder steinigen Boden. Wir treffen sie überwiegend auf Trockenrasen und Heiden an.

Enthält: Ätherische Öle (u.a. Thymol), Bitter- und Gerbstoffe sowie Farbstoffe.

Wirkungsweise: Schmerzlindernd, reinigend, verdauungsfördernd und nervenstärkend.

Anwendung: Trägt zur Nervenstärkung bei, hilft bei Husten, Heiserkeit, Keuchhusten, Krämpfen aller Art, rheumatischen

	Zahnschmerzen, Leberschwellungen, wie auch bei Magen- und Darmkatarrhen.
Zubereitung:	Aufguß: 1 Teelöffel auf 1 Tasse Wasser wirkt schmerzlindernd und fördert den Auswurf. 2-4 Gramm auf 1 Tasse ergibt einen nervenstärkenden Tee. Ein starker Aufguß, als Badezusatz aufbereitet, hilft hervorragend bei Rheumatismus, schlechtem Schlaf und Nervenschwäche.

Quitte
(Cydonia vulgaris Persoon)

Der Volksmund sagt:
Quittenbaum, Köttenbaum und Schmeckbirne.

Allgemeines:	Die Quitte blüht zwischen Mai und Juni. Mitte September bis Ende Oktober sammeln wir die reifen Früchte, deren Nachreifung bei sorgfältiger Lagerung erst gegen Weihnachten erfolgt. Das Laub wird zwischen Mai und September gesammelt. Von den Früchten entfernen wir die wollene Haut und legen sie dann zum Trocknen.
Enthält:	Schleimstoffe, ist sehr pektinhaltig.
Wirkungsweise:	Beruhigend und zusammenziehend.

Anwendung:	Durchfall, Blutspeien, Hals- und Brustbeschwerden, Bronchial- und Lungenkatarrh, Verbrennungen, Hämorrhoiden, Halsentzündung, Bronchitis, Bleichsucht. Schafft Abhilfe bei rissiger und wunder Haut.
Zubereitung:	Quittenkernschleim: 10 Gramm zerstoßene Quittenkerne werden in 200 Gramm Wasser angesetzt und anschließend mit etwas Spitzwegerichsirup vermischt. Von diesem Mittel sollte mehrmals am Tage 1 Teelöffel eingenommen werden.

Roßkastanie
(Aesculus hippocastanum)

Der Volksmund sagt:
Gichtbaum, Kästebaum, Pferdekastanie, Sauerkäste, wilde Kastanie, Zierkästebaum und Saukastanie.

Allgemeines:	Der Baum erreicht eine Höhe bis zu 35 m. Seine langstieligen Blätter sind 5-7fach gefiedert, seine Blüten sind weiß mit rötlichen oder gelben Flecken und stehen in aufrechten Käserispen.
Fundort:	Wir finden die Roßkastanie in Parkanlagen, in unseren Gärten oder als Alleebaum an den Straßen.

Enthält:	Saponine, Gerbstoffe und Flavonglykoside. Die abgekochte Rinde enthält außerdem Eumaringlykosid.
Wirkungsweise:	Blutreinigend und zusammenziehend.
Anwendung:	Bei Darmkatarrh, Durchfall, Kolik, Hämorrhoiden, Skofulose, Frostbeulen, Flechten und Rheuma.
Zubereitung:	Samenabkochung: Wir übergießen 1 1/2 kg Roßkastaniensamen mit kochendem Wasser, lassen das Ganze ziehen und erhalten so einen hervorragenden Badezusatz. Roßkastanienpulver: Die Kastanien werden geröstet und gemahlen, von diesem Pulver nehmen wir täglich 2 Messerspitzen ein. Blütentinktur: Wir setzen 1 Handvoll gefallener Blätter in 250 Gramm Weingeist an. Dieses Mittel empfiehlt sich zum Einreiben bei Rheumatismus. 10 Tropfen auf ein wenig Zucker helfen bei Magenkrämpfen und Ohnmachten.

Rosmarin
(Rosmarinus officinalis)

Der Volksmund sagt:
Antonkraut, Meertau, Kranzenkraut und Hochzeitsblümchen.

Allgemeines: Der Rosmarin gehört zu der Familie der Lippenblütler und erreicht eine Höhe von 1-2 m. Die immergrüne Pflanze mit ihren vierkantigen, graufilzigen Zweigen trägt lederartige Blätter. Die rachenförmige Blüte ist von blassem Blau und verströmt einen angenehm aromatischen Geruch.

Fundort: Die Pflanze wächst an sonnigen Orten, auf Felsen und Gemäuern. Sie wird auch oft in den Gärten oder in Töpfen gezogen.

Ernte: Von März bis Mai, zur Blütezeit, werden Blätter und Blüten geerntet.

Enthält: Die kampferähnlich riechende Pflanze enthält ätherisches Öl mit Terpenen, außerdem Gerbstoffe.

Wirkungsweise: Bei Leberstörungen, Koliken, Verdauungsschwäche, Appetitlosigkeit, Schwindel, Erschöpfungszuständen, Nervenschmerzen, Menstruationsbeschwerden, Herzleiden und nervösen Kopfschmerzen.

Zubereitung: Rosmarintee: Von den frischen oder getrockneten Blättern, Blüten oder jungen Trieben nehmen wir 1 Teelöffel auf 1 Tasse Wasser und trinken täglich schluckweise 2 Tassen davon.

Rosmarinwein wirkt sehr beruhigend. Er wird hergestellt aus 3/4l gutem Weißwein und 1 kleinen Handvoll Rosmarinblätter. Diese Mischung läßt man gut zugedeckt einige Tage stehen. Von diesem Wein trinkt man morgens und abends 1 Likörglas.

Rosmarinöl, -spiritus oder -salbe hilft bei Krämpfen ganz allgemein und verschönert das Hautbild.

Safran
(Crocus sativus)

Der Volksmund sagt:
Herbstsafran, Safrat, Safranblume oder Zaffran.

Allgemeines: Der Safran stammt aus der Familie der Schwertliliengewächse. Der echte Safran wird heutzutage hauptsächlich als Gewürz oder als Mittel zum Gelbfärben von Backwaren verwendet.

Fundort: Die Heimat des Safran ist Kleinasien, wo er schon seit Jahrtausenden angebaut wird. Man erntet von dem Safran

Safran

nur seine Griffel und seine Narben, die zu Pulver verarbeitet werden.

Enthält: Ätherische Öle, Lycopin und Carotin.

Wirkungsweise: Schmerzstillend, krampflösend und menstruationsfördernd.

Anwendung: Keuchhusten, Krampfhusten, Blähungen, Magen- und Darmkoliken, Windkoliken und Zahnschmerzen. Man sagt, daß Schwangere, die über längere Zeit Safran als schmerzstillendes Mittel einnehmen, hellhäutige Kinder gebären.

Zubereitung: Aufguß: Man nimmt 5 Narben für 1 Tasse Wasser. Dieser Tee sollte ungesüßt getrunken werden.

Tinktur: Hilft bei nervösen Leiden, Muskelzerrungen oder Wechselfieber. Wir geben 10 Tropfen, nicht mehr, auf etwas Zucker.

Schafgarbe (Achillea millefolium)

Der Volksmund sagt:
Heil der Welt, Jungfernaugenbraue, Herrgottsrückenkraut, Neunkraft, Gotteshand, St. Barbarakraut, Sichelkraut, Blutstillkraut, Reingarbe, Tausendblatt, Schafrippe, Mausohr, Mausleiter, Fasanenkraut, oder Bibhänderlkraut.

Allgemeines: Die 30-60 cm hoch werdende Schafgarbe gehört der Familie der Korbblütler an. Ihre länglichen, dunkelgrünen, doppeltgefiederten Blätter sitzen an eckigen, behaarten Stengeln. Die korbartigen Blütenstände bestehen aus weißen, rosa oder rötlichfarbenen Zungenblüten.

Fundort: Die Pflanze liebt sonnige Plätze, und ist auf Wiesen, Bergabhängen oder Ackerrändern zu finden.

Ernte: Von der von Juni bis Oktober blühenden Pflanze sammeln wir von Juni bis Juli die Blüten und das Kraut.

Enthält: Ätherische Öle mit Lineol und Blauöl, Extraktstoffe, Bitter- und Gerbstoffe, Salze und Spuren von Schwefel.

Wirkungsweise: Krampflösend, stoffwechselanregend, blutreinigend, blutstillend, auswurffördernd, harntreibend und appetitanregend.

Anwendung: Magen- und Darmkatarrh, Gallenstörungen, Appetitlosigkeit, Asthma, Steinleiden, Gicht, Rheuma, hilft bei krampfartigen Herzanfällen und inneren Blutungen. Äußerlich angewandt, lassen sich mit ihrem Saft Geschwüre und Wunden heilen.

Zubereitung: Im Frühjahr sammelt man die jungen Blätter und macht daraus einen Mischsalat. Rohe, feingehackte Blätter eignen sich auch sehr gut als Brotbelag.

Aufguß: Wir nehmen 10 oder 20 Prisen Blüten oder Blätter auf 1/2l Wasser. Davon werden 2-3 Tassen täglich getrunken. Zur Behandlung von nervösen Leiden sollten noch einige Blätter und 1 Prise Kamillenblüten hinzugefügt werden. Schafgarbe bereitet man immer in kleinen Mengen zu, da unter Lichteinfluß das Getränk dunkel wird und verdirbt.

Saft: Wir zerreiben den oberen Teil der Schafgarbe und geben diesen durch ein Tuch. Der ausgetretene Saft läßt sich äußerlich hervorragend bei Ausschlag oder zur Wundbehandlung verwenden.

Für den Absud nehmen wir 1 Handvoll Blüten oder Blätter auf 1l Wasser. Wir erhalten so ein Antiseptikum zur Behandlung von Wunden, Geschwüren etc. und bereiten daraus Kompressen, Hand- oder Fußbäder, Spülungen Bäder oder Lotionen.

Pomade: Dem Schafgarbensaft fügen wir ein gleiches Gewicht an Schmalz bei und vermischen beides gründlich. Wir erhalten eine blutstillende und antiseptische Pomade.

Schlehdorn (Prunus spinosa)

Der Volksmund sagt:
Schlehenstrauch, deutsche Akazie, Heckendorn, Schwarzdorn, Schlehenpflaume oder Zwetschgenbaum.

Allgemeines:	Der Strauch erreicht eine Höhe von 3m und wächst meistens in Gruppen. Die Rinde der mit spitzen Dornen besetzten Zweige ist dunkelgrau und knorrig. Die kurzstieligen, länglichen Blätter sind gezackt, verlieren mit zunehmendem Alter ihren Flaum und zeigen dann eine kahle Oberfläche. Die weißen, fünfzackigen, glockenförmigen Blüten sitzen einzeln an den Zweigen.
Fundort:	Wir finden sie in Hecken, an Waldrändern und in den Wäldern.
Ernte:	Die Blüten werden von April bis Mai und die Früchte von Oktober bis November gesammelt.
Enthält:	Flavonglykosid, Gerbstoffe, organische Säuren, Pektin, Blausäure, Apfelsäure, Kalium, Natrium, Kalzium, Magnesium, Phosphor und Vitamin C.
Wirkungsweise:	Bei Durchfall, Nieren-, Blasen- und Harnleiden, bei Lungenleiden, Bronchitis, Magenschwäche, Durchfall,

Mund- und Zahnfleischentzündungen, Nasenblutungen, Verstopfungen und Hautkrankheiten.

Zubereitung: Tee: 1 Eßlöffel Schlehdorn auf 1 Tasse Wasser, täglich 1 Tasse morgens und abends davon getrunken, hilft bei Nieren- und Blasenerkrankungen und ist auch bei der Behandlung von Hautunreinheiten, z.B. Pusteln oder Akne, zu verwenden.

Schlehentinktur: Aufgebrochene Blütenknospen werden zu einem feinen Matsch zerstoßen. Man gibt die doppelte Menge Weingeist dazu und läßt das Ganze 48 Stunden an einem dunklen Ort ziehen. Man gießt später ab und filtert noch einmal durch ein Leinentuch. Von dieser Tinktur werden täglich 4 Tropfen eingenommen.

Schöllkraut (Chelidonium majus)

Der Volksmund sagt:
Warzenkraut, Ziegen- oder Bockskraut, Schwalbenkraut, Schellwurz oder Teufelskraut.

Allgemeines: Die 40 cm bis 1m hohe, gesellig wachsende Pflanze hat einen aufrechten, oft behaarten Stengel, der einen gelben Saft abgibt. Das Schöllkraut stammt aus der Familie der

Mohngewächse. Die Blüten stehen in kleinen Dolden oder sitzen auch als Einzelblüten an den Stengeln. Sie sind von gelber Farbe, und ihre Form gleicht der der Mohnblüten. Aus den Blüten entspringen später schotenähnliche, 5 cm lange Kapselfrüchte. Die Blätter des Schöllkrautes sind buchtig gekerbt, leicht gezahnt, manchmal etwas behaart und auf der Unterseite schimmern sie blaugrün.

Fundort: Auf Schuttplätzen, an Hecken und Wegen sowie auch an Mauern.

Enthält: Alkaloide.

Wirkungsweise: Krampflösend und schmerzstillend.

Anwendung: Bei Leberleiden, Gelbsucht, Gallenkoliken, chronischem Husten, bei Krämpfen, vor allem bei Krämpfen der Unterleibsorgane, bei Ekzemen und Warzen.

Zubereitung: Das Schöllkraut enthält ein starkes Gift, und es ist ratsam, es nur äußerlich anzuwenden. Aufguß: Man gibt 1 Handvoll getrockneter Blätter auf 1 l Wasser. Diesen Aufguß verwendet man als Kompressen.

Frischer Saft: Die gelbe Pflanzenmilch benutzt man zur Behandlung von Warzen, Schwielen oder Hühneraugen, wobei man beachten sollte, daß die benachbarten gesunden Hautpartien sorgfältig geschützt werden.

Schöllkrautwein: 3 getrocknete Wurzeln werden 12 Stunden in 1l guten Weißwein eingelegt. Man erhält eine Lotion, die beruhigend und blutreinigend wirkt und sich bei Massagen oder Einreibungen gut verwenden läßt.

Fuß- und Handbäder: Man nimmt 1 kleine Handvoll getrockneter Blätter oder Stengel auf 1l Wasser. Als Fuß- oder Handbäder benutzt, wirkt das Schöllkraut gegen Allergien, Arthritis, Arterienverkalkung, Infarkt, Cellulitis oder Nesselfieber. Diese Art der Behandlung hat sich auch bei Akne, Flechten oder sonstigen Hautkrankheiten bewährt.

Weiße Taubnessel (Lamium album)

Der Volksmund sagt:
Weißer Bienensaug, Tod- oder Wurmnessel, Zauberkraut, falsche Brennessel oder Löffelblume.

Allgemeines: Die 40-50 cm hoch werdende Pflanze gehört zu der Familie der Lippenblütler. Die Blätter sind herzförmig, liegen sich paarweise gegenüber, sind unregelmäßig gesägt und zugespitzt.

	Die weißen Lippenblüten wachsen zu sechst oder zu acht in den Blattachseln.
Fundort:	An Waldrändern, Wegen, im Gebüsch, auf Schutthalden oder auf Wiesen.
Ernte:	Die Blätter und Blütenkronen der wilden Taubnessel pflückt man zwischen Mai und Juni.
Enthält:	Schleim, Gerbstoffe und Saponin.
Wirkungsweise:	Auswurffördernd, verdauungsfördernd, blutreinigend und reizlindernd.
Anwendung:	Gegen Nieren- und Blasenerkrankungen, Weißfluß, Lungenleiden, Katarrh der Atem- und Verdauungswege und als Umschläge bei Krampfadern, Gicht, Brandwunden oder Fieber.
Zubereitung:	Taubnesseltee: Wir stellen einen Aufguß aus 1 Teelöffel Kraut auf 1 Tasse gekochten Wassers her und nehmen davon 1-2 Tassen täglich zu uns. Zur äußerlichen Anwendung empfiehlt sich ein konzentrierter Absud aus 1 Handvoll Pflanzen auf 1l Wasser. Für Hand- und Fußbäder nehmen wir 1 kleine Handvoll Pflanzen pro Liter

Wasser und gönnen uns davon täglich 2 Bäder.

Pulver: Die zu Pulver geriebenen trockenen Blüten nimmt man prisenweise mit Honig oder etwas Marmelade ein.

Veilchen (Viola odorata)

Der Volksmund sagt:
Das rauhe Veilchen, Hundveilchen, Waldveilchen, Märzveilchen, Blauröschen oder blaue Viole.

Allgemeines: Die kleine blauviolettblühende Pflanze erreicht eine Höhe von 10 cm.

Fundort: An Hecken, Wiesen- und Waldrändern, wie auch in unseren Gärten.

Enthält: Zyamin, Eiweiß, Zucker, Gummi und Schleim. In der Wurzel befindet sich das Alkaloid Violin und in den Blüten ätherische Öle, Salizylsäure sowie ein blauer Farbstoff.

Wirkungsweise: Schweiß- und harntreibend, drüsenanregend, krampf- und schmerzstillend, schleimlösend und auswurffördernd.

Anwendung: Bei Husten, besonders Keuchhusten, Bronchialkatharr und sonstigen trockenen Katharren. Bei einer stärkeren Abkochung der Wurzeln dient es als Brechmittel.

Zubereitung:

Veilchentee: 1/2 Handvoll frischer oder getrockneter Blüten auf 1l Wasser gegeben und täglich 4 Tassen davon getrunken, wirkt gegen Rheumatismus und Bronchitis.

Absud: Man nimmt 1/2 Handvoll Wurzeln pro Liter Wasser und läßt das Ganze 15 Minuten lang kochen.

Abführmittel: Man gibt 1 Handvoll Blätter auf 1l Wasser und trinkt täglich 2 Tassen davon.

Sirup: Man legt 3 Handvoll frischer Blüten 1/2 Tag lang in einen Liter Wasser unter Zusatz von 1 kg Zucker. Das Wasser wird anschließend ca. 1 Stunde lang im Wasserbad verkocht, so daß ein Sirup entsteht, das in saubere licht- und luftdichte Flaschen gefüllt wird. Es empfiehlt sich die tägliche Einnahme von 3 Suppenlöffeln voll Sirup.

Saft: Wird gepreßt aus den frischen Blättern und als Abführmittel verwendet.

Wurzelpulver: Täglich 2 oder 3 Prisen in mit Honig gesüßter Milch.

Walnuß
(Juglans regia)

Der Volksmund sagt:
Baumnuß, Nußbaum oder welsche Nuß.

Allgemeines: Der bis zu 20m hoch werdende Nußbaum trägt große, gefiederte, duftende Blätter. Die anfangs grünen, später schwärzlichen männlichen Blüten wachsen in Form von kleinen Kätzchen an den Zweigen, die weiblichen Stempelblüten sitzen an der Spitze der Zweige. Die Nüsse sind in dicke grüne Schalen eingebettet, welche man früher wegen ihrer intensiv braunfärbenden Wirkungskraft als Färbemittel benutzte. Diese Schalen springen nach der Reife der Nüsse auf.

Ernte: Im Frühjahr wird die Rinde des Walnußbaumes eingeritzt und der austretende Saft aufgefangen. In dieser Zeit werden auch die Kätzchen und Blüten gepflückt und zum Trocknen gelegt. Mitte Juli, am besten bei strahlendem Sonnenschein, erntet man die Blätter. Die Früchte sammelt man, wenn sie herabgefallen sind. Nußschalen und Nüsse werden getrennt und in den Schatten zum Trocknen gelegt.

Enthält:	Die Blätter enthalten Nuzitannin, Juglon, Inosit, winzige Teile ätherischen Öls und Kalziumoxalat. In den Schalen befindet sich Gerbsäure, Nuzitanin, Hydrojuglon, und Spuren von Apfel- und Zitronensäure. In der reifen Schale ist außerdem noch Gerbsäure vorhanden.
Wirkungsweise:	Zusammenziehend, blutreinigend und wurmtreibend.
Anwendung:	Bei Magen- und Darmverschleimungen, Rheuma, Zuckerkrankheit, Gelbsucht, wirkt magenstärkend und empfiehlt sich gegen Gallenleiden und als Blutreinigungsmittel. Äußerlich zu benutzen bei Augenentzündungen, Skrofulose, Drüsengeschwüren und Hautflechten.
Zubereitung:	Absud: 2 Handvoll frische oder getrocknete Rinde auf 1l Wasser, 2 Tassen täglich getrunken, wirken entwurmend. Für Lotionen, Kompressen oder Bäder nimmt man 2 Handvoll von den Kätzchen auf 1l Wasser. Von dem Baumsaft nimmt man morgens auf nüchternen Magen 1 Kaffeelöffel voll und trägt so zur Blutreinigung bei. Eine Salbe gegen Haarausfall stellt man her, indem man 1 Handvoll fri-

sche Knospen 1/2 Stunde lang in 1 Pfund Schweineschmalz kocht, dies erkalten läßt und in Ton- oder Porzellantöpfen aufbewahrt. Diese Salbe soll unmittelbar auf den Haarboden aufgetragen werden.

Ein Aufguß aus getrockneten Walnußblättern ist ein hervorragendes Mittel gegen Würmer. Man trinkt täglich davon 2 Tassen.

Ein Absud aus zerstoßenen Nußschalen benutzt man zur innerlichen wie auch zur äußerlichen Anwendung. Dazu gibt man 1 Handvoll zerstoßene Nußschalen auf 1l Wasser.

Das Pulver aus Walnußschalen wirkt desinfizierend und heilend. Man gibt pro Tasse 2 Kaffeelöffel Pulver in 1 Tasse Kräutertee oder in mit Honig gesüßte Milch, zweimal täglich.

Sirup: Die frischen Blätter werden in einer gewichtsgleichen Menge Alkohol 48 Stunden lang eingelegt. Dazu gibt man so viel Zucker, so daß ein dicker Sirup entsteht. Von diesem Sirup nimmt man vor jeder Mahlzeit 1 Suppenlöffel voll ein.

Ysop
(Hyssopus officinalis)

Der Volksmund sagt:
Ispen, Klosterysop, Kirchenseppli, Ispenkraut oder Hysop.

Allgemeines:	Der Ysop erreicht eine Höhe von 30-50 cm und wächst gesellig. Seine querstehenden, ganz randigen Blätter haben die Form einer Lanze. Die blauvioletten bis rötlichweißen Lippenblüten stehen in den Blattachseln und bilden eine Scheinähre. Die Stengel des Ysops sind vierkantig und leicht behaart.
Fundort:	Der Halbstrauch bevorzugt trockenen Kalkboden, wächst an sonnigen Hügeln und wird vielfach auch angebaut.
Enthält:	Ätherische Öle, Flavonglykoside und Gerbstoffe.
Wirkungsweise:	Verdauungsfördernd, schweißhemmend, zusammenziehend und auswurffördernd.
Anwendung:	Bei Husten, Asthma, Heiserkeit, Rheuma, Darm- und Magenbeschwerden und gegen Würmer. Äußerlich auch bei Zahnfleischentzündungen, Mandelentzündungen und als Augenwasser.

Ysop

Zubereitung:	Ysoptee: 1 Teelöffel Kraut auf 1 Tasse kochendes Wasser, welches man 8 Minuten ziehen läßt und täglich davon 2 Tassen trinkt.

Zypresse
(Cupressus sempervirens)

Allgemeines:	Die Zypresse kann bis zu 6m hoch werden. Aus ihren Blüten entstehen erbsengroße, gelbe, 4 cm lange Früchte, die massenweise am Strauch hängen.
Fundort:	Der orientalische Baum wird oft als Hecke gezogen oder auf Friedhöfen angepflanzt.
Ernte:	Im Frühjahr sammelt man die Zweige, im Herbst die kleinen zäpfchenartigen Früchte.
Wirkungsweise:	Desinfizierend und reinigend.
Anwendung:	Gegen Hühneraugen, Warzen oder Wassersucht.
Zubereitung:	Warzenmittel: Die grünen Zypressenzweige legt man 14 Tage lang in Brennspiritus und setzt sie der Wärme aus. Nach dieser Zeit entfernt man die Zweige, und der Spiritus ist gebrauchsfertig. Jetzt wird ein Stückchen Watte mit dem Spiritus befeuchtet, auf die Hühneraugen oder War-

zen gelegt und mit einem Heftpflaster befestigt. Das Ganze wird samt Hühneraugen nach 24 Stunden beseitigt.

VI. Kleines Brevier bekannter Heilpflanzen

VII. Wie die Kräuter verwendet werden

1. Ernte

Das Sammeln der Kräuter setzt nicht nur eine ausgereifte Erfahrung voraus, sondern auch die Möglichkeit, frische und naturreine Pflanzen anzutreffen, denn viele Äcker und Waldgebiete sind durch chemische Produkte und Industrieabgase verschmutzt.

Nur erfahrene Kräutersammler finden noch geeignete Plätze. Wir ernten nur die gesunden Pflanzen, welche nicht fleckig, mißgestaltet oder von Pilzen, Blattläusen, Insekten, Larven u.ä. befallen sind.

Die Sammelzeiten der einzelnen Pflanzen sind sehr verschieden. Wir können jedoch allgemein davon ausgehen, daß Blätter in der Regel vor der Blütezeit geschnitten werden, vor allem diejenigen, welche ätherische Öle enthalten.

Die Pflanzen sollten immer trocken gesammelt werden; es empfiehlt sich, den ersten Morgentau abzuwarten, bis durch die Mittagssonne die Feuchtigkeit auf den Blättern verdunstet ist. Man schneidet die Pflänzchen vorsichtig mit einem scharfen Messer oder einer Schere ab und legt sie sorgfältig voneinander getrennt in den Sammelkorb.

Beeren und Früchte sammelt man unmittelbar vor der Reifezeit und läßt sie zu Hause ausreifen. Die Wurzeln sammeln wir, wenn das Kraut abgestorben ist, bei zweijährigen Pflanzen im Herbst des ersten Jahres oder Frühjahr des zweiten Jahres, bei mehrjährigen Pflanzen im Frühjahr oder Herbst des zweiten oder dritten Jahres.

2. Trocknen

Das Kraut wird nach der Ernte auf einer sauberen Unterlage sortiert. Grasreste oder andere Fremdkörper müssen peinlich sauber entfernt werden. Die Pflanzen legen wir vorsichtig nebeneinander und lassen sie niemals aufgehäuft liegen.

Am besten trocknet man im Schatten, geringe Wärme und leichte Zugluft sind Voraussetzung. Ganze Kräuter bindet man zu kleinen Sträußchen und hängt sie im Speicher oder in Dachräumen auf. Bei sehr feuchtem Wetter helfen wir mit einem Heizlüfter, auf kleinste Stufe eingestellt, nach. Die Raumtemperatur darf auf keinen Fall 35o Celsius überschreiten, denn bei dieser Temperatur beginnen die ätherischen Öle zu entweichen. Nach ca. 24 Stunden wenden wir das Kraut, damit die aufliegenden Pflanzenteile nachtrocknen können.

3. Lagerung

Größere Mengen trockenen Ernteguts lassen sich gut in Leinensäcken, die aufgehängt werden, lagern. Dickwandige Pappkartons und Blechdosen, mit Papier ausgeschlagen, dienen dem gleichen Zweck. Für kleinere Mengen verwenden wir Gläser mit dunkel getöntem Glas. Allgemein ist es jedoch ratsam, einmal in der Woche eine Probe von den Kräutern zu entnehmen, um evtl. noch feuchte Kräuter nachzutrocknen oder Verdorbenes zu entfernen.

All diejenigen, die keine Möglichkeit haben, die Kräuter zu sammeln oder zu lagern, sollten sich in Reform- oder Kräuterhäusern umsehen, wo selbst seltene Pflanzen von bester Qualität zu beziehen sind.

4. Zubereitung

Der Aufguß

Die zerkleinerten frischen oder getrockneten Blüten, Blätter, Wurzeln etc. der Pflanze werden in ein Porzellan- oder Glasgefäß gelegt und mit heißem Wasser übergossen. Je nach Beschaffenheit der Pflanze läßt man diese Mischung ziehen, zarte Pflanzen wie z.B. Veilchenblüten ca. 5 Minuten, zähe Pflanzen z.B. die Klette 10 Minuten. Der Aufguß sollte möglichst sofort oder im Laufe des Tages aufgebraucht werden.

Abkochung

Hierbei gibt es zwei Verfahrensweisen: Zum einen wird die entsprechende Wassermenge auf dem Feuer zum Kochen gebracht, und man gibt anschließend die zerkleinerten Kräuter hinzu, oder, wenn man ein konzentrierteres Mittel haben möchte, bringt man das kalte Wasser mitsamt der Kräuter zum Kochen. Die Kochzeit beträgt 2-3 Minuten, dann seiht man die Kräuter ab und füllt den Sud in saubere und verschließbare Gefäße.

Kaltauszug

Der Kaltauszug empfiehlt sich bei hitzeempfindlichen Pflanzen. Die Pflanzenteile werden in ein Porzellangefäß oder in eine glasierte Tonschale gelegt und mit der entsprechenden Menge kalten Wassers übergossen. Das Ganze deckt man nun gut ab und läßt es entweder über Nacht oder 8-12 Stunden lang ziehen.

Die Beize

Wir unterscheiden zwischen Wasserbeizen und Beizen aus Wein oder Alkohol (Wasserbeizen siehe Kaltauszug). Wasserbeizen dürfen nicht länger als 1/2 Tag stehen, denn sonst bilden sie einen Nährboden für Bakterien. Bei den alkoholischen Beizen (man verwendet dafür 45%igen Branntwein) läßt man die Pflanzenteile bis zu 14 Tagen in dem Alkohol ziehen.

Tinktur

Tinkturen sind sehr konzentrierte Pflanzenauszüge. Die pulverisierten oder feinzerkleinerten Pflanzenteile legen wir für 2 oder 3 Tage in 90%igem Alkohol ein, danach wird durch ein feines Tuch gefiltert. Tinkturen verabreicht man innerlich nur in kleinen Mengen und äußerlich für Abreibungen.

Lotion

Als Lotion verwenden wir den Aufguß oder die Abkochung. Das Mittel wird auf die entsprechenden Körperteile aufgetragen und mit sanften Bewegungen (beruhigend) oder mit schnelleren energischen Bewegungen (anregend) einmassiert.

Saft

Für einen guten Marksaft verwenden wir frische, soeben geerntete Pflanzen und Früchte. Die Pflanzenteile werden zuerst gehackt oder zerdrückt (Kräuterbeil oder Stampfer) und dann durch ein feines Leinentuch passiert. Für Leute, die auf die Verwendung von Marksäften schwören und diese Methode häufig anwenden, empfehle ich die Anschaffung einer Obstpresse.

Pulver

Die feingeschnittenen, getrockneten Kräuter werden in einem Mörser zu Pulver zerrieben. Ähnlich wie bei der Tinktur sind auch hier die Wirkstoffe sehr konzentriert. Die angegebenen Dosierungen sollten in jedem Fall eingehalten werden. Das Pulver wird am besten verabreicht, indem man die entsprechenden Prisen auf einen Löffel Honig gibt.

Öle

Die zerkleinerten oder zerquetschten Heilkräuter werden in einem Verhältnis von 1:5 (1 Teil Kräuter auf 5 Teile Öl) in feinem, kaltgepreßtem Öl (vorzugsweise Oliven- oder Leinöl) angesetzt. Das Gefäß wird nun luftdicht verschlossen und für ca. 2 Wochen der Sonne ausgesetzt. Anschließend wird die Mischung im Wasserbad erwärmt, durchgeseiht (am besten durch ein Leinentuch) und die Kräuterrückstände gut ausgepreßt. Dann gibt man die Pflanzen zurück in das Öl und läßt die Kräuter eine weitere Woche lang ziehen. Nach dieser Zeit bringt man Öl zusammen mit den Pflanzen zum Kochen, filtert die Pflanzen ab, während die Mischung noch heiß ist, und füllt den fertigen Pflanzenauszug in gut verschließbare Flaschen.

Speziell zur Wundbehandlung fügt man diesem Öl 2 Teile warmes Terpentin hinzu.

Salben

Für eine einfache Salbengrundlage nimmt man 100 Gramm Lanolin, Vaseline oder reines Schweinefett. Dieser Grundlage fügen wir die entsprechenden Kräutertinkturen, abgestimmt auf den Verwendungszweck, zu. Salben, welche auf diese Art hergestellt werden, sollten nur in kleinen Mengen bereitet bzw. schnell aufgebraucht werden.

Salben mit der nun folgenden Grundlage können über längere Zeit, allerdings im Kühlschrank, gelagert werden, ohne zu verderben. Für eine Menge von 100 Gramm benötigen wir 4 Gramm Bienenwachs, 4 Gramm Kakaobutter, 3 Gramm Citylalkohol (Hauptbestandteil des Walrates. Citylalkohol ist ein hautfreundlicher Emulgator und bewirkt, daß Fett und Wasser eine feine homogene Verbindung bilden), 5 Gramm Lanolin (Schafswollfett, welches wertvolle biologische Aufbaustoffe enthält), eine Prise Benzoesäure (wirkt antiseptisch, fäulniswidrig und gärungshemmend, dient als Konservierungsmittel), 70 Gramm Kräuterwasser (dem Verwendungszweck entsprechend) und 25 Gramm Öle (dem Verwendungszweck entsprechend).

Bienenwachs, Kakaobutter, Citylalkohol und Lanolin werden im Wasserbad erhitzt, das Pflanzenöl gibt man portionsweise dazu, und das Ganze wird so lange gerührt, bis eine gleichmäßige Fettschmelze entsteht. Anschließend wird die Prise Benzoesäure hinzugefügt. Man rührt weiter, bis auch diese sich aufgelöst hat (beachte, daß diese Fettschmelze niemals kochen darf). Nun wird das erwärmte Kräuterwasser portionsweise untergerührt. Man rührt solange weiter, bis Kräuterwasser und Fettgemisch eine homogene Flüssigkeit ergeben. Nun nimmt man die Mischung vom Feuer und rührt so lange weiter, bis eine sahnige bzw. salbenartige Konsistenz entsteht. Die Salbe wird nun in saubere Porzellan- oder Glastöpfchen gefüllt und im Kühlschrank gelagert.

Wein

Die Verwendung von Wein finden wir in der Heil- und auch in der Hexenkunde. Die Zubereitung von Kräuterwein ist verhältnismäßig einfach und läßt sich aus vielen Pflanzen zubereiten.

Allgemeine Weinherstellung: Ein 4l Gefäß wird mit Kräutern gefüllt und mit 4 Litern frisch gekochtem Wasser übergossen. Das Ganze bleibt 12 Tage lang verschlossen stehen. Dann wird umgerührt, durchgeseiht und dem Geschmack entprechend ca. 3-4 Pfund Zucker hinzugefügt. Die dünngeschnittene Rinde einer Orange und einer Zitrone sowie der Rest der Früchte (in Stücke geschnitten), ohne Kerne und Narben werden beigegeben und 20 Minuten leicht gekocht. Nun läßt man das Gemisch abkühlen, bis es etwa lauwarm ist und fügt dann 1 Eßlöffel

Brauereihefe oder 30 Gramm getrocknete Hefe, auf ein Stück Toast gestrichen, hinzu. Das Ganze bleibt wieder einige Tage stehen. Danach schütten wir unser Gemisch in ein Faß, welches wir zuspinden und danach 2 oder mehrere Monate stehenlassen.

Gurgelwasser

Als Gurgelwasser dienen uns Aufgüsse, Absude oder Beizen. Auch die Tinktur läßt sich dafür hervorragend verwenden. Wir geben von der Tinktur ein paar Tropfen auf 1 Tasse Wasser. Das Gurgelwasser sollte in jedem Fall erwärmt werden, denn so verstärkt man seine Wirksamkeit.

Augentropfen

Für ein so höchst empfindliches Organ wie die Augen nehmen wir nur sehr milde Kräuterextrakte in schwacher Konzentration. Es empfiehlt sich die Anschaffung einer Augenbadewanne. Wir füllen lauwarmes Wasser unter Zufügung der Kräuterextrakte in die kleine Wanne, setzen die Wanne an die Augen, legen den Kopf bequem nach hinten und lassen die geöffneten Augen in der Flüssigkeit kreisen.

Kompresse

Für die Kompresse verwenden wir 1 großes Stück Watte, Zellstoff oder mehrfach gefaltetes Leinentuch. Das Tuch wird mit der Flüssigkeit (Absud, Aufguß oder Tinktur) getränkt und auf die zu behandelnde Stelle gelegt. Die Einwirkungszeit, zwischen 5 und 10 Minuten, richtet sich nach der Konzentration der Tränkflüssigkeit bzw. der Wirkungskraft der verwendeten Pflanzenpräparate.

Verband

Die Verfahrensweise ist ähnlich wie bei Kompressen. Da Verbände jedoch langsamer einwirken und längere Zeit aufliegen sollen, benutzen wir dafür ein Präparat von geringerer Konzentration. Die ersten Verbände müssen alle 2 Stunden gewechselt werden, danach in größeren Zeitabschnitten. Ein Verband sollte allerdings niemals länger als 12 Stunden aufliegen.

Breiumschläge

Für Breiumschläge benutzt man frische, gequetschte, getrocknete oder gekochte Kräuter. Milde Kräuter legt man direkt auf die erkrankte Stelle und wickelt ein Leinentuch darum. Bei kräftigen, leicht hautreizenden Präparaten schützt man die Haut vorher mit einem Leinentuch, gibt dann das Präparat darauf und legt dann ein weiteres Leinentuch um die behandelte Stelle. Getrocknete Kräuter oder Kräuterpulver füllt man in kleinen Leinensäckchen ab und legt sie auf die betroffene Stelle.

Breiumschläge sollten nicht länger als 5 Minuten auf der Haut liegen. Mehrere kurze Behandlungen sind erfolgreicher als eine lange.

Klistier

Das Klistier ist außer für Darmkrankheiten, Durchfall oder Verstopfungen auch bei anderen Beschwerden wie Kreislaufstörungen sehr wirksam. Wir benutzen dafür Aufgüsse oder Abkochungen. Klistiere sollten nur einmal am Tage verabreicht werden, und zwar eine Menge von 1/2l bei einer Temperatur von 37° Celsius.

Vaginalspülungen

Vaginalspülungen eignen sich für Frauen, die an Menstruationsbeschwerden oder an Weißfluß leiden. Hierfür werden hauptsächlich schwachkonzentrierte Präparate wie Aufgüsse oder Absude verwendet. Die Spülungen sollten eine Temperatur von 38° Celsius haben und 15 Minuten andauern. 2 Spülungen täglich sind nur bei ernsthaften Beschwerden zu empfehlen, da sonst die empfindlichen weiblichen Organe gereizt werden.

Bäder

Wir machen uns die Fähigkeit unseres Körpers, nämlich Wirkstoffe durch die Haut aufzunehmen, zunutze. Bäder fallen in den Bereich der Osmosebehandlung. Zum besseren Verständnis der Wirksamkeit von Bädern, beschreibe ich hier den Vorgang der Osmose:

Auf das Organ Haut wirken wir mit unseren Essenzen und dem natürlichen Wasserdruck ein. Wir wissen, daß die Haut sich ihrer Umgebung, soweit es möglich ist, anpaßt. Wir brauchen nur die Reaktion auf Wärme und Kälte beobachten. Bei Wärme und der entsprechenden Luftfeuchtigkeit öffnen sich die Poren, und Schweiß tritt aus, bei Kälte stellen sich die Körperhaare auf und bilden einen wärmenden Flaum.

Als osmotischen Druck bezeichnet man den als Wasserdruck gemessenen Überdruck. Die in der Essenz enthaltenen Substanzen wirken auf die Haut ein; der Körper, dem diese Wirkstoffe fehlen, ist nun bestrebt, einen Ausgleich zu schaffen, nimmt die Wirkstoffe auf und leitet sie über die Blutbahnen zu dem Organ, dem diese fehlen.

Hand- und Fußbäder bieten die beste Behandlungsmöglichkeit. In den empfindlichen Handinnenflächen und an den Fußsohlen enden feine Blutbahnen, die mit dem ganzen Organismus in Verbindung stehen. Wer sich schon einmal mit Akkupressur beschäftigt hat, weiß, daß durch den Druck auf eine bestimmte Stelle der Fußsohlen bzw. der Handinnenflächen auf ein entsprechendes Organ eingewirkt werden kann; ähnlich ist es mit den Pflanzenwirkstoffen, die über die Blutbahnen dem entsprechenden Organ zugeführt werden. Außerdem verhindert die Behandlung durch Hand- und Fußbäder, im Gegensatz zu einer Einnahme von Tees etc., daß der Stoffwechsel beeinflußt wird.

Für Hand- und Fußbäder nehmen wir 2l Wasser, bringen diese zum Kochen und lassen sie 5 Minuten lang stehen. Dann geben wir die angegebene Menge trockener Pflanzen hinzu. Diese Mischung läßt man nun 4-5 Stunden lang gut zugedeckt stehen. Danach seihen wir die Pflanzenrückstände ab und haben nun ein Basispräparat zur Verfügung. Will man nun ein Hand- oder Fußbad nehmen, so kocht man 2l Wasser auf und gibt 1l von dem Basispräparat hinein. Dieses Bad kann man 8 Tage hintereinander verwenden, es darf aber niemals noch einmal zum Kochen gebracht werden. Die Bäder nimmt man am besten in einer Plastik- oder Tonschale, je heißer desto wirksamer. Zu empfehlen sind Hand- und Fußbäder im Wechsel, d.h. morgens vor dem Frühstück sollten die Füße und abends, ca. 2 Stunden nach dem Abendbrot, die Hände gebadet werden.

VII. Wie die Kräuter verwendet werden

VIII. Für jede Krankheit ist ein Kraut gewachsen

... und was die Zauberkunde dazu sagt

Asthma

Pflanzeneigenschaften: Krampfstillend

Pflanzen: Knoblauch, Distel, Klatschmohn, Lavendel, Melisse, Brennessel, Schlehe, Meerettich oder Salbei.

4 Prisen Thymian, 4 Prisen Lavendel und 1 zerquetschte Knoblauchzehe mit 1l Wasser übergießen - 2-3 Tassen täglich.

Oder Schöllkraut, Lavendel, Salbei und Melisse, jeweils 1 Prise auf 1l Wasser.

Die Zaubermedizin sagt dazu: Man nimmt eine Fuchslunge, dörrt sie im Backofen und zerstößt sie dann zu Pulver. Am Morgen gibt man ein paar Prisen in Weißwein und trinkt auf nüchternen Magen. Und das jeden Tag.

Augenkrankheiten

Augenkrankheiten wie Bindehautentzündung, Entzündungen oder Gerstenkörner.

Pflanzeneigenschaften: Reinigend und beruhigend.

Pflanzen: Wermut, Schöllkraut, Eibisch, Brennessel oder Salbei.

Hier helfen Augenbäder, hergestellt aus einem Absud aus Schöllkraut oder Salbei, 1 Teelöffel Kraut auf 1 Tasse Wasser.

Die Zauberkunde sagt: Trage ein Amulett, hergestellt aus der Wurzel der Wegwarte, um den Hals. Mache dies bei allen Krankheiten der Augen.

Bettnässen

Pflanzeneigenschaften: Kräftigende, zusammenziehende.

Pflanzen: Schafgarbe, Knoblauch, Taubnessel, Zwiebel, Eiche, Weißdorn oder Knöterich.

Bei Bettnässen empfiehlt sich täglich 1/2 Tasse Knöterichtee zu trinken, und zwar kurmäßig 2-3 Wochen lang.

Kindern reicht man am besten täglich 1 Tasse Tee aus Johanniskraut und gibt ihnen abends, vor dem Schlafengehen, Trockenobst.

Eine sehr heilvolle Wirkung erzielt man mit Sitzbädern (2 Bäder täglich), in die eine zerquetschte Knoblauchknolle und 1 Handvoll Weißdornblüten gegeben werden.

Die Zauberkunde sagt: Man legt den Kindern ein Amulett um den Hals. Für das Amulett nimmt man den Kopf einer Maus und steckt ihn in einen Lederbeutel. Das Kind darf auf keinen Fall wissen, was dieser Beutel beinhaltet. 9 Tage lang trägt es diesen Beutel. Am neunten Tag, während des abnehmenden Mondes, wird der Beutel vergraben.

Blasenkatarrh

Pflanzeneigenschaften: Krampflösend und harntreibend.

Pflanzen: Knoblauch, Heidekraut, Klatschmohn, Taubnessel, Salbei oder Veilchen.

Es empfiehlt sich, einen Absud aus Heidekrautblüten (2 Prisen pro Tasse), 2-3 Tassen täglich, zu trinken.

Die Zauberkunde sagt: Petersilienblätter auf die Blase gelegt, heilt alle Blasenleiden.

Blutarmut

Pflanzeneigenschaften: Appetitfördernd, aufbauend und kräftigend.

Pflanzen: Alant, Birke, Enzian, Meerettich, Salbei, Wermut, Weißdorn, Brennessel, Kalmus, Schafgarbe oder Tausendgüldenkraut.

Spinatsaft, Möhrensaft, der Saft der Brennessel oder vom Meerettich wirken der Blutarmut entgegen. Man macht am besten eine Kur von 3 Wochen und trinkt dabei 3-4 Tassen täglich von einem dieser Säfte.

Getrocknete, zerstoßene Brennessel (Pulver), jeden Tag eine Messerspitze voll, nimmt man als vorbeugendes Mittel ein.

Die Zauberkunde sagt: Man hängt ein Stück Eisen in feinen Rotwein. Diesen setzt man dem Vollmondlicht aus. Am nächsten Morgen nimmt man das Eisen heraus und trinkt den Rotwein. Dies macht man Monat für Monat mindestens 5 Monde lang.

Blutungen

Pflanzeneigenschaften: Blutstillende.

Pflanzen: Arnika, Hirtentäschelkraut, Distel, Eiche, Taubnessel oder Schafgarbe.

Es empfehlen sich besonders Umschläge oder Verbände aus Distel oder Schafgarbe.

Die Zauberkunde sagt: Man lege dem Patienten ein nasses, kaltes Tuch in den Nacken und lagere seinen Kopf nach hinten.

Eine vorbeugende Maßnahme ist das Tragen eines Amuletts aus Bernstein. Denn dieser Stein, so sagt man, würde jede Art von Blutungen günstig beeinflussen.

Brechmittel

Man nehme dafür 1 Löffel Kochsalz mit 1/2 Löffel Senf und vermische das Ganze in einer Tasse lauwarmen Wassers und trinke in zügigen Schlucken. Dies ist ein sehr schnell wirkendes Mittel.

Bronchitits

Pflanzeneigenschaften: Krampflösend und hustenstillend.

Pflanzen: Holunder, Bockshornklee, Schafgarbe, Salbei, Brennessel, Königskerze, Distel, Klatschmohn, Eibisch, Lavendel, Zwiebel, Immergrün, Schlehe, Eisenkraut oder Veilchen.

Es empfiehlt sich, Holunderblüten und Bockshornklee zu gleichen Teilen unter Zugabe von Schafgarbe (zusammen etwa 20 Gramm) in 1l Weißwein zu kochen, dann das Ganze abzuseihen und stündlich 1 Eßlöffel davon einzunehmen.

Cellulitis

Pflanzeneigenschaften: Blutreinigend und abführend.

Pflanzen: Birke, Heidekraut, Schöllkraut, Farnkraut, Erdefeu, Baumefeu und Salbei.

Mit Kompressen aus Efeu und Schöllkraut wurden oft schon erstaunliche Ergebnisse erreicht.

Außerdem helfen auch hier Breiauflagen aus warmen Kohlblättern.

Durchfall

Pflanzeneigenschaften: Zusammenziehend und stärkend.

Pflanzen: Wermut, Schafgarbe, Knoblauch, Arnika, Distel, Klette, Walnußbaum, Zwiebel, Brennessel oder Schlehe.

Es eignen sich hier besonders Klistiere aus einem hochdosierten Absud aus Arnika oder Lindenblüten (3 Handvoll pro Liter Wasser).

Die Zauberkunde sagt: Man schütte auf den frischen Kot 1 Handvoll Salz und gebe das Ganze in fließendes Wasser.

Ekzeme

Pflanzeneigenschaften: Blutreinigend.

Pflanzen: Arnika, Klette, Lavendel, Brennessel, Kohl, Salbei oder Veilchen.

Man läßt Wasser kochen, nimmt es vom Feuer und läßt die Blätter von frischem Weißkohl 7 Minuten darin ziehen. Den Weißkohl, geschmeidig geworden, legt man etwa 10 Minuten auf das Ekzem. Diese Behandlung sollte mehrmals am Tag wiederholt werden.

Eine Waschung mit Weizenkleie hat sich schon oft als heilend erwiesen. Man gibt 2 Eßlöffel Weizenkleie in einen Leinenbeutel, hängt diesen in eine Waschschüssel und übergießt mit 1l lauwarmen Wasser. Dem milchig gewordenen Wasser fügt man den Saft 1 Zitrone hinzu. Das Ekzem wird täglich 10 Minuten darin gebadet.

Entzündungen

Pflanzeneigenschaften: Lindernd, erweichend und desinfizierend.

Pflanzen: Klette, schwarze Johannisbeere, Eibisch, Lavendel oder Salbei.

Die von Entzündungen befallenen Stellen reinigt man am besten mit einem Absud aus Klettenblättern. Anschließend legt man ein Pflaster aus Eibischblättern auf.

Bei Zahnfleischentzündungen empfiehlt sich eine Mundspülung mit einem Aufguß aus Salbei.

Die Zauberkunde sagt: Hier empfiehlt sich die Technik der Besprechung.

Epilepsie

Pflanzeneigenschaften: Krampflösend.

Pflanzen: Besonders Mistel und Abbißkraut.

Die Wurzel und die Blätter des Abbißkrautes werden ca. 1/4 Stunde lang in 1l Wasser gekocht. Bei Anfällen soll von diesem Sud schluckweise getrunken werden.

Die Mistel wird als bestes Mittel gegen Fallsucht genannt, jedoch jene Mistel, die auf Schwarzpappeln wächst. Das Kraut wird zu Pulver zerrieben, von dem alle 3 Stunden eine Prise gereicht werden soll.

Die Zauberkunde sagt: Man trage ein Amulett aus echten Korallen um den Hals.

Fettleibigkeit

Pflanzeneigenschaften: Harntreibend und blutreinigend.

Pflanzen: Birke, Schlehe, Rosmarin, Salbei, Odermennig oder Wermut.

Ist die Fettsucht krankhaft, so empfiehlt sich eine Mischung aus Rosmarin, Schlehendorn, Salbei und Wermut zu gleichen Teilen, wovon man täglich 2 Tassen trinkt.

Ein Erfolg kann jedoch nur erreicht werden bei regelmäßiger körperlicher Bewegung, Diät, sowie Massagen und wöchentlichem Saunabesuch.

Fieber

Pflanzeneigenschaften: Fiebersenkend und kräftigend.

Pflanzen: Wermut, Knoblauch, Birke, Heidekraut, Tausendgüldenkraut, Sellerie, Erdrauch, Enzian, Zwiebel, Brennessel, Immergrün, Veilchen oder Salbei.

Ein Tee aus Tausendgüldenkraut wirkt fiebersenkend, entgiftet zusätzlich Magen, Leber und Darm und reinigt das Blut.

Für den Tee geben wir 1 Teelöffel Tausendgüldenkraut auf 1 Tasse Wasser. Davon trinken wir tagsüber stündlich 1 Schluck.

Heidekraut, mit Honig vermischt, hat sich ebenfalls als fiebersenkendes Mittel bewährt.

Die Zauberkunde sagt: Man gibt dem Kranken Körner (Roggenkörner) in eine Hand. Wenn diese warm geworden sind, sät man sie in einen Blumentopf, dann wird das Übel verschwinden.

Flechten

Pflanzeneigenschaften: Blutreinigend.

Pflanzen: Eichenrinde, Kohl, Wermut, Schafgarbe, Klette, Birke, Heidekraut, Distel, Schöllkraut, Eiche, Erdrauch, Melisse, Salbei, Walnuß oder Veilchen.

Besonders wirksam ist das Auflegen von warmen Kohlblättern (siehe Ekzem). In besonders hartnäckigen Fällen benutzt man zusätzlich Hand- und Fußbäder. Das recht umfangreiche Rezept ist der Mühe wert, denn es hat sich schon in vielen Fällen bewährt. Auf 2l Wasser nehmen wir 1 Handvoll Blüten und Blätter des Alant, Blätter der Klette, Blätter vom Schöllkraut, Blätter der Artischocke und 1/2 Handvoll Blüten des Besenginsters, Blätter der Brennessel und des Lavendels.

Auch Waschungen mit Eichenrindenabsud unterstützen die Heilung.

Allgemein sollten scharfe und saure Speisen sowie Alkohol vermieden werden.

Die Zauberkunde sagt: Reibe morgens die Flechten mit dem Fensterschweiß ab.

Gallensteine

Pflanzeneigenschaften: Blutreinigend und abführend.

Pflanzen: Birke, Distel, Schöllkraut, Brennessel oder Rettich.

Besonders gut wirkt der Saft des schwarzen Rettichs. Fettes Fleisch sollte auf jeden Fall vermieden werden, wie auch Kohlgemüse und Hülsenfrüchte. Frischer Rettichsaft läßt oft Blasenentzündungen abklingen. Man trinkt zuerst täglich 100 Gramm und steigert langsam auf 300 Gramm täglich. Diese Kur sollte 14 Tage lang durchgehalten werden.

Die Zauberkunde sagt: Man gibt 1 Handvoll Knoblauch, in Würfel geschnitten, in 1/4l Alkohol und läßt dies in der Sonne stehen. Bei Eintritt des Neumondes wird davon 1 Gläschen gereicht.

Gelbsucht

Pflanzeneigenschaften: Abführend und verdauungsfördernd.

Pflanzen: Walnuß, Rettich, Wermut, Knoblauch, Klette, Distel, Schöllkraut, Erdrauch oder Zwiebel.

Schwarzer Rettich wird gerieben, der Saft ausgepreßt und mit einer vierfachen Menge Wasser verdünnt. Davon wird viermal täglich 1/2 Glas getrunken.

15 Gramm Walnußblüten werden in 1l Milch gekocht, abgeseiht und schluckweise getrunken. Die Kur dauert ca. 3 Wochen.

Ein anderes sehr wirksames Hausmittel ist: 3 Eidotter, in 1/4l Wein geschlagen, und etwas Rhabarberpulver hinzugegeben.

Die Zauberkunde sagt: Man nehme einen heißen Heusack, den man auf die Leber legt.

Geschwüre

Pflanzeneigenschaften: Reinigend und desinfizierend.

Pflanzen: Wermut, Schafgarbe, Odermennig, Knoblauch, Klette, Distel, Eibisch, Eiche, Kohl, Lavendel, Baumefeu, Brennessel, Immergrün, Eisenkraut und Salbei.

Hier helfen Breiumschläge mit warmen Kohlblättern, Rüben oder Brennessel (siehe Ekzeme). Außerdem sind Hand- und Fußbäder sehr wirksam. Man nehme dafür 1 Handvoll Kletten, Disteln, Baumefeu, Brombeeren und Salbei auf 2l Wasser. Man nehme 2 bis 4 Bäder täglich.

Oder wir legen Kompressen mit einem Absud aus Eisenkraut auf, wobei man 1 Handvoll Kraut auf 1l Wasser gibt.

Ein Mittel gegen verhärtete Geschwüre ist der Eibisch. Eibischwurzel wird samt Kraut weichgekocht und auf die verhärteten Geschwüre gelegt.

Herstellung einer Heilsalbe: 1 Eßlöffel Bienenhonig mit 1 Eßlöffel Weizenmehl in warmem Wasser zu Brei vermengt.

Auch trockene, pulverisierte Eichenrinde, auf nässende Geschwüre gelegt, hilft.

Gicht

Pflanzeneigenschaften: Harntreibend und blutreinigend.

Pflanzen: Knoblauch, Klette, schwarze Johannisbeere, Zwiebel, Veilchen und Salbei.

Sehr wirksam sind Breiumschläge aus Kohl.

Ein altes Hausmittel rät das Auflegen von zerdrückten, heißen Kartoffeln oder das Bestreichen der befallenen Stellen mit Bienenhonig.

Oder man ißt gekochte Sellerieknollen und trinkt den Absud dazu.

Eine vorbeugende Maßnahme: Man bezieht ganz einfach den Knoblauch in den täglichen Speiseplan ein.

Grippe

Pflanzeneigenschaften: Antibiotisch und desinfizierend.

Pflanzen: Knoblauch, Schafgarbe, Holunder, Birke, Lavendel, Erdefeu, Melisse, Zwiebel, Salbei, Veilchen und Birke.

Man trinkt 3-4 Tassen täglich von einem Tee aus 15 Prisen Birkenblätter, 5 Prisen Veilchen und 5 Prisen Linde (auf 1l Wasser).

In den grippeanfälligen Zeiten trinkt man als vorbeugende Maßnahme täglich 1 Tasse Schafgarbentee.

Als sehr wirksam hat sich auch Tee aus Holunderblüten herausgestellt.

Haarausfall

Pflanzeneigenschaften: Anregend.

Pflanzen: Klette, Birke, Brennessel und Walnußbaum.

Es hilft ein Aufguß aus Salbei und Rosmarin, wovon man jeweils 1 Handvoll auf 1l Wasser gibt.

1 Rezept für ein hervorragendes Kopfwasser ist: 2 Handvoll Brennessel, ein wenig 90%igen Alkohol, 20 Tropfen Arnikatinktur und ca. 1/2l destilliertes Wasser. Die getrockneten Brennesseln werden mit dem reinen Alkohol übergossen, dann gießt man soviel destilliertes Wasser nach, bis die Blätter gut bedeckt sind. Nach 3 Tagen Ruhezeit gibt man das Ganze durch einen Kaffeefilter und fügt der gewonnenen Flüssigkeit 20 Tropfen Arnikatinktur hinzu. Das Haarwasser wird nach der Haarwäsche in die Kopfhaut einmassiert.

Hämorrhoiden

Pflanzeneigenschaften: Lindernd, blutstillend und zusammenziehend.

Pflanzen: Schafgarbe, Kerbel, Distel, Eiche, Kohl, Salbei, Taubnessel oder Veilchen.

Am besten geeignet sind Sitzbäder. Man gibt dafür 1 Handvoll Schafgarbenblüten, Wurzeln und Blätter der Distel, 1 Handvoll Lavendelblüten und 1 Handvoll Hundszahngraswurzeln auf 2l Wasser. Es sollten täglich 2 Bäder genommen werden. Wer unter Hämorrhoiden leidet, sollte vor allem scharfe Speisen meiden und für einen geregelten und lockeren Stuhlgang sorgen.

Als Auflagen eignen sich warme Kohlblätter oder 60 Gramm ungesalzenes Schweinefett, in dem 10 Gramm getrocknetes Hirtentäschelkraut angebraten wird. Als Teekur empfiehlt sich Arnikawurzel mit Wermut.

Bei blutenden Hämorrhoiden sollte täglich 1 Tasse Schafgarbentee schluckweise getrunken werden, oder man nimmt 4 mal täglich 1 Eßlöffel voll Leinöl ein.

Die Zauberkunde sagt: Man esse auf nüchternen Magen ein in reinem Wasser gekochtes Gänseei.

Hals

Gegen ständige Halsbeschwerden empfehlen sich pulverisierte Lattichblätter. 1 Messerspitze voll, dreimal täglich eingenommen, stärkt den ganzen Atemorganismus.

Bei geschwollenen Halsdrüsen hilft Huflattichtee. Dafür nehmen wir 1 Eßlöffel Kraut und übergießen es mit 2 Tassen heißem Wasser, lassen es 5 Minuten ziehen, gießen ab und süßen den Tee mit Honig. Der Tee sollte tagsüber schluckweise getrunken werden. Bei Heiserkeit empfiehlt sich ein Tee aus Salbei.

Bei einem steifen Hals hilft das Gurgeln mit Salbei oder Holunderblütentee.

Gegen einen verschleimten Hals sollte mit Brennesseltee gegurgelt werden. Außerdem ist das Einnehmen von 2 Tassen Brennesseltee täglich zu empfehlen. Auch der Saft vom Lattich, Salbei oder Rettich wirkt den Verschleimungen entgegen.

Bei Halsentzündungen hilft der Saft einer Zitrone, in 1/4l kochendes Wasser gegeben, und 3-4 Eßlöffel Traubenzucker hinzugefügt. Der Saft sollte möglichst heiß getrunken werden.

Bei Halsschmerzen empfiehlt sich die Verwendung von Gurgelwasser. Arnikatinktur erwies sich hierbei als sehr heilkräftig. Man gibt 1/2 Teelöffel Arnikatinktur auf 1 Glas Wasser und gurgelt kräftig. Eine andere Möglichkeit ist, daß man

Zwiebelsaft mit Honig aufkocht und 1 Eßlöffel davon in 1 Tasse Wasser gibt und damit ausgiebig gurgelt.

Ein altbewährtes Mittel ist die Verwendung von Halswickeln. Hierfür verwenden wir entweder frische, ungekochte Milch oder frischen Quark, kalt angelegt. Sobald sich der Wickel erwärmt hat, sollte man diesen erneuern.

Haut

Pflanzeneigenschaften: Blutreinigend und lindernd.

Pflanzen: Odermennig, Arnika, Weißdorn, Klette, Schöllkraut, Kohl, Klatschmohn, Erdrauch, Eibisch, Lavendel, Melisse, Zwiebel, Brennessel, Salbei, Eisenkraut oder Veilchen.

Voraussetzung für eine gesunde Haut ist eine regelmäßige abwechslungsreiche, vitaminreiche Ernährung. Übermäßige Sonnenbäder sollten vermieden werden und jeder sollte darauf achten, daß die Verdauung einwandfrei funktioniert.

Bei unreiner Haut ist eine Blutreinigungskur unerläßlich. Es reicht oft schon, wenn man täglich 1 Tasse Tausendgüldenkraut trinkt. Unreinheiten werden mit Schafgarbentee abgetupft oder mit Tomatenscheiben abgerieben (Tomaten besitzen desinfizierende Stoffe). Hautunreinheiten entstehen meistens durch eine Störung des Stoffwechsels. 1 Tasse Rosmarintee, vor dem Schlafengehen getrunken, wirkt dieser Störung entgegen.

Zur allgemeinen Verschönerung der Haut: Borax ins Waschwasser gegeben, dies macht das Wasser weich. Die Haut wird anschließend mit Rosenwasser abgerieben (ein altes Hausmittel rät, die Haut mit Schafsmilch zu waschen).

Bei Überempfindlichkeit der Haut und bei Hautausschlägen empfiehlt sich das Waschen mit einem kräftigen Brennesseltee.

Besonders zu empfehlen, gerade bei Hautausschlägen, die sich über den ganzen Körper verbreiten, sind Hand- und Fußbäder (siehe Kapitel VII. unter Bäder). Für die Bäder eignet sich eine Mischung aus Alant, Kletten, Eibisch, Brennessel und Rosenblütenblättern (jeweils 1 Handvoll) auf 2l Wasser.

Die Zauberkunde sagt: Reibe deine Haut mit Märzenschnee ein oder wasche sie im Mai mit Birkenkraut.

Herz

Pflanzeneigenschaften: Anregend, blutreinigend, harntreibend und herzstärkend.

Pflanzen: Schafgarbe, Knoblauch, Arnika, Weißdorn, Heidekraut, Distel, Schöllkraut, Mistel, Enzian, Meerettich, Melisse, Zwiebel, Schlehe und Salbei.

Besonders empfehlenswert sind Tees aus Schafgarbe, Melisse und Salbei. Bei nervösen Herzleiden hilft Baldriantee. Melissentee verwendet man bei Herzbeklemmungen, Schwindelgefühlen und Schwermut.

Mit Rautentee, täglich 2 kl. Tassen getrunken, wirkt man starkem Herzklopfen entgegen.

Ein herzstärkendes Mittel stellen wir her, indem wir Benediktwurzeln 3 Tage lang in Rotwein einlegen und dann täglich davon 1 kl. Glas trinken.

Die Zauberkunde sagt: Beruhigende Tees aus Melisse und Baldrian geben Hilfe. Oder man trägt ein Amulett aus Gagatstein an einem Goldkettchen um den Hals.

Hühneraugen

Pflanzeneigenschaften: Schmerzlindernd und erweichend.

Pflanzen: Knoblauch, Schöllkraut, Kohl oder Zwiebel.

Auf die Hühneraugen legt man entweder 1 zerstoßene Knoblauchzehe oder 1 Zwiebelscheibe auf. Die umliegende Haut wird mit Heftpflaster geschützt. Auflagen aus Efeublättern oder Schöllkrautblättern sind ebenfalls wirksame Mittel.

Die Zauberkunde sagt: Nimm 1 Rosine, schneide sie in der Mitte durch und lege sie mit der Schnittfläche auf das Hühnerauge. Mache dies 3-4 Tage lang, und das Übel verschwindet.

Husten

Pflanzeneigenschaften: Beruhigend und krampflösend.

Pflanzen: Knoblauch, Zwiebel, Meerettich, Klatschmohn, Farnkraut, Eibisch, Lattich, Erdefeu, Petersilie, Schlehe und Veilchen.

Ein hervorragendes Mittel gegen Husten sind in Olivenöl gebratene Zwiebeln.

Bei Hustenanfällen empfiehlt sich das sofortige, schluckweise Einnehmen von heißem Wasser. Besonders gut wirkt dies einfache Hilfsmittel, wenn man dem heißen Wasser den Saft einer Zitrone und etwas Honig beimischt.

Reizhusten wird gelindert, wenn man feingeriebenen Meerettich und Honig zu gleichen Teilen mischt und jede zweite Stunde 1 Teelöffel voll davon einnimmt.

Hysterie

Pflanzeneigenschaften: Beruhigend und krampfstillend.

Pflanzen: Wermut, Melisse, Veilchen, Kamille und Lavendel.

Wir stellen einen Aufguß aus Kamille und Lavendel her. Von den Kräutern nehmen wir jeweils 1/2 Teelöffel auf 1 Tasse Wasser und trinken täglich 1 Tasse voll.

Eine sehr hilfreiche Tinktur stellt man aus Veilchensaft, mit der gleichen Menge Weingeist vermischt, her. Die helle, sich oben absetzende Schicht wird nach einigen Tagen abgeschöpft. Davon sollen zweimal am Tag 5 Tropfen eingenommen werden.

Die Zauberkunde sagt: Bei diesem Übel legt man sich Loorbeerblätter in ein Lager und schläft darauf.

Impotenz, Frigidität

Pflanzeneigenschaften: Aufbauend und stärkend.

Pflanzen: Knoblauch, Schöllkraut, Kohl, Lavendel, Salbei und Sesam.

Voraussetzung ist eine vitaminreiche Kost. Besonders das Vitamin E (enthalten in Blattgemüse und Getreidesamen) bewirkt eine Steigerung der Produktion von Geschlechtshormonen. Besonders das regelmäßige Verzehren von Zwiebeln und Knoblauch steigert die sexuelle Kraft.

Eine Köstlichkeit aus Sesamsamen ist hier sehr hilfreich. Wir geben 2 Tassen gemahlenen Sesamsamen und 1/4 Tasse Sesamöl in eine Schüssel und rühren alles gut durcheinander. Nun fügen wir 2 Eßlöffel Honig und etwas Vanille hinzu. Wenn wir alles gleichmäßig vermengt haben, geben wir feingeschnittene Datteln dazu. Aus der Masse werden kleine Stückchen geformt und im Kühlschrank aufbewahrt.

Es empfiehlt sich die Verwendung von Weizenkeimöl, da dies reich an Vitamin E ist.

Mandeln, Haselnüsse, Hafer, Honig, Sellerie und Spargel sind natürliche Anregungsmittel, aus denen sich leckere Speisen zubereiten lassen.

Die Zauberkunde sagt: Nimm frische rohe Kartoffeln, gare sie auf dem Holzfeuer und esse sie mitsamt der Schale.

Insektenstiche

Pflanzeneigenschaften: Desinfizierend, schmerzlindernd und beruhigend.

Pflanzen: Arnika, Wermut, Salbei, Knoblauch, schwarze Johannisbeere, Lavendel, Melisse, Zwiebel und Salbei.

Man zerquetsche die frischen Blätter von Salbei, Petersilie, Lavendel, Johannisbeere oder Wermut und gebe sie auf die Stiche.

Auch ein Salzbrei, etwas Kochsalz mit etwas Wasser verrührt, leistet gute Dienste.

Bei starken Schwellungen sind wiederholte Umschläge mit Arnikatinktur zu empfehlen.

Katarrh

siehe Bronchitis

Kolik

siehe Gallensteine

Krämpfe

Pflanzeneigenschaften: Krampfstillend, anregend und kräftigend.

Pflanzen: Schafgarbe, Knoblauch, Weißdorn, Schöllkraut, Klatschmohn, Mistel, Baldrian, Melisse, Enzian, Lavendel, Schlehe, Salbei und Eisenkraut.

Als besonders hilfreich bei Krämpfen erweisen sich Hand- und Fußbäder. 1 zerdrückte Knoblauchzehe, 1 Handvoll Schafgarbe, 1 Handvoll Schöllkraut, Kamille und Salbei werden mit 2l heißem Wasser übergossen. Morgens nimmt man 1 Fußbad und abends 1 Bad für die Hände.

Oder man nimmt zweimal täglich schluckweise 1 Tasse voll Schafgarbentee.

Eine sehr hilfreiche Tinktur erhält man aus Baldrianwurzel, in Weingeist angesetzt. Dafür nehmen wir 1 Teil gestoßene Baldrianwurzeln auf 2 Teile Weingeist, lassen die Flasche 14 Tage gut verschlossen stehen, seihen das Ganze durch ein Leinentuch und nehmen von dieser Tinktur 5-10 Tropfen, am besten in Kamillentee, ein.

Die Zauberkunde sagt: Krämpfe bekämpft man damit, daß man ein Stück der Wurzel des gelben Schärpels um den Hals trägt.

Krampfadern

Pflanzeneigenschaften: Blutreinigend und kräftigend.

Pflanzen: Schafgarbe, Arnika, Weißdorn, Taubnessel, Erdefeu, Rose, Weißdorn, Salbei, Besenginster und Veilchen.

Hier eignen sich vor allem Handbäder, und zwar nehmen wir 1 Handvoll Weißdorn, Besenginsterblüten, Schafgarbe und Rosenblütenblätter, übergießen das Ganze mit 2l Wasser und baden darin morgens und abends die Hände.

Allgemein ist es ratsam, die Beine bei jeder Gelegenheit hochzulagern.

Kreislaufschwäche

Pflanzeneigenschaften: Stärkend und anregend.

Pflanzen: Knoblauch, Weißdorn, Johanniskraut, Melisse, Petersilie, Schafgarbe und Sellerie.

Auch bei Kreislaufschwäche ist besonders die kräftigende Wirkung des Knoblauchs bzw. der Zwiebel zu beachten.

Ein altbewährtes Mittel stellen wir her, indem wir 2 Zitronen, mit der Schale in Scheiben geschnitten, 3 Knoblauchknollen und 1 Zwiebel (beides feingehackt), in 1l Wasser 5 Minuten lang kochen. Dann seihen wir das Ganze durch ein Leinentuch und trinken täglich 1/2 Glas von dieser Tinktur.

Leber

Pflanzeneigenschaften: Verdauungsfördernd und kräftigend.

Pflanzen: Schöllkraut, Wermut, Schafgarbe, Odermennig, Knoblauch, Klette, Birke, schwarze Johannisbeere, Distel, Kohl, Erdrauch, Melisse, Zwiebel, Petersilie, Salbei, Eisenkraut und Tausendgüldenkraut.

Bei Leberstörung oder Ermüdung empfiehlt sich der kräftigende Tee aus der phosphor- und schwefelhaltigen Schafgarbe. Dieser Tee kann auch als warme Auflage verwendet werden.

Ein Hausmittel, welches wir bei allen Arten von Leberstörungen anwenden können, ist eine Mischung aus Rettichsaft mit einem Absud von Schöllkraut, Tausendgüldenkraut und Wermut zu gleichen Teilen.

Lunge

Pflanzeneigenschaften: Antibiotisch, auswurffördernd, kräftigend.

Pflanzen: Schafgarbe, Knoblauch, Arnika, Melisse, Sellerie, Zwiebel, Schöllkraut, Klatschmohn, Brennessel, Meerettich und Salbei.

Zur allgemeinen Kräftigung der Lunge empfiehlt sich eine Hirsekur. Als Gewürzkräuter gibt man Sellerie, Zwiebel und Schnittlauch hinzu.

Bei Lungenentzündung sollte eine eiweißreiche, Vitamin C haltige Kost gereicht werden. Säfte aus schwarzer Johannisbeere, Holunder, Zwiebel, Brennessel oder Huflattich unterstützen die Heilung. Zusätzlich sollte man Honigwasser, wegen der herzstärkenden Wirkung, verabreichen.

Magen

Pflanzeneigenschaften: Krampfstillend.

Pflanzen: Tausendgüldenkraut, Ehrenpreis, Schafgarbe, Arnika, Weißdorn, Schöllkraut, Klatschmohn, Enzian, Lavendel, Melisse, Schlehe, Salbei und Rosmarin.

Einen nervösen Magen behandelt man mit einer Teemischung aus Tausendgüldenkraut, Rosmarin und Ehrenpreis zu gleichen Teilen. Von diesem Tee trinkt man 2 Tassen täglich.

Bei allgemeinen Magenbeschwerden kocht man Kalmuswurzel in Wasser und Wein, würzt mit Zimt und Zucker und trinkt täglich dreimal 1/2 Tasse davon.

Oder: Man mischt Enzian und Wermut und trinkt einen Monat lang täglich 1 kl. Tasse davon.

Bei Magengeschwüren hat sich Tee aus Ringelblumenblüten, 1 Tasse täglich, schluckweise getrunken, als hilfreich erwiesen.

Menstruationsbeschwerden

Pflanzeneigenschaften: Krampflösend.

Pflanzen: Ausbleiben der Menstruation: Schafgarbe, Wermut, Knoblauch, Erdrauch, Melisse, Zwiebel, Brennessel, Petersilie, Rosmarin und Salbei.

Unregelmäßige Menstruation: Wermut, Schafgarbe, Weißdorn, Farnkraut, Erdrauch, Brennessel, Petersilie und Salbei.

Zwischenblutungen: Knoblauch, Weißdorn, Klette, Schöllkraut, Klatschmohn, Mistel, Taubnessel, Brennessel, Immergrün und Salbei.

Beim Ausbleiben der Menstruation empfiehlt sich ein Tee aus gedörrtem Johanniskraut, Kamille und Mistel.

Besonders wirksam sind Vaginalspülungen. Dafür nehmen wir auf 2l Wasser 1 Handvoll Schafgarbe, Alantblüten, frische Petersilie und Salbei.

Bei unregelmäßiger Menstruation helfen Tees aus Brennessel oder Knöterich.

Oder Vaginalspülungen aus 1 Handvoll Schafgarbe, Melissenblätter, Petersilie und Salbei auf 2l Wasser.

Zwischenblutungen regeln sich bei regelmäßiger Einnahme eines Absuds aus Bitterklee, Kresse, Johanniskraut, Baldrian und Schafgarbe, zu gleichen Teilen gemischt, und morgens und abends 1 Tasse getrunken.

Neurasthenie (Depression)

Pflanzeneigenschaften: Stärkend und krampfstillend.

Pflanzen: Wermut, Schafgarbe, Arnika, Weißdorn, Sellerie, Distel, Eiche, Klatschmohn, Farnkraut, Melisse, Meerettich, Salbei, Eisenkraut, Baldrian, schwarzer Johannisbeere, Raute und Veilchen.

Hier hilft ein Tee aus 10 Gramm Baldrian, 30 Gramm Melisse und 60 Gramm schwarze Johannisbeerblätter.

Oder: 10 Gramm Anis, 10 Gramm Baldrianwurzel, 10 Gramm Melisse, 10 Gramm Mistelkraut und 10 Gramm Rautenblätter.

Beide Tees werden mit 1 Tasse siedendem Wasser übergossen, man läßt das Ganze 10 Minuten ziehen, seiht es ab und trinkt täglich 3 Tassen davon.

Für Hand- und Fußbäder nehmen wir 1 Handvoll Weißdornblüten, Salbeiblüten und -blätter und 1 Handvoll Veilchen, geben die Kräuter in eine Schale und fügen 2l heißes Wasser dazu. 2 Bäder täglich, morgens vor dem Frühstück und abends vor dem Schlafengehen, sind ratsam.

Wer sich ein Vollbad gönnen möchte, fügt dem Badewasser einen Zusatz aus Wacholderbeerkochung oder Baldrian (100 Gramm in 1l Wasser) abgekocht hinzu.

Neurose

siehe Neurasthenie

Ohrenschmerzen

Pflanzeneigenschaften: Schmerzlindernd und beruhigend.

Pflanzen: Eibisch, Taubnessel, Walnußbaum, Salbei, Kamille und Zwiebel.

Ohrenschmerzen treten auch oft auf, wenn benachbarte Stellen erkrankt sind. Die hier angeführten Ohrentropfen sind nicht nur heilend, sondern lindern auch Schmerzen.

Wir lassen 10 Gramm Kamille 1 Minute lang in 50 Gramm Olivenöl kochen. Dann lassen wir das Mittel abkühlen und verwenden es, wenn es lauwarm ist.

Sehr wirkungsvoll ist die Mischung aus 10 Gramm Zwiebelsaft und 10 Gramm warmem Olivenöl.

Beide Mittel werden verwendet, indem man zuerst ein wenig Flüssigkeit in die Ohren träufelt, mit dem Rest tränkt man den Wattebausch und steckt ihn vorsichtig in den Gehörgang.

Pocken

Pflanzeneigenschaften: Fiebersenkend und desinfizierend.

Pflanzen: Schafgarbe, Knoblauch, Zwiebel, Salbei und Veilchen.

Tees aus diesen Kräutern unterstützen die ärztliche Hilfe.

Die Zauberkunde sagt: Vorbeugend und heilend hilft ein Amulett aus Rautenwurzel, welches man sich um den Hals bindet.

Quetschungen

Pflanzeneigenschaften: Durchblutungsfördernd, lindernd und Narben zurückbildend.

Pflanzen: Schafgarbe, Arnika, Hirtentäschelkraut, Petersilie, Salbei und Ringelblume.

Am besten eignen sich Kompressen mit Arnikatinktur.

Mit Schafgarbentees wird der Heilungsprozeß beschleunigt.

Rachenentzündung

Pflanzeneigenschaften: Desinfizierend, beruhigend und krampflindernd.

Pflanzen: Schafgarbe, Baldrian, Odermennig, Salbei, Knöterich, Eibisch, Süßholz, Huflattich, Kohl, Eiche, Klatschmohn, Edelkastanie, Erdefeu und Veilchen.

Zu empfehlen sind Säfte aus Knoblauch, Melisse, Zwiebel, Wermut, Holunder, Brunnenkresse, Apfel und Brennessel.

Wir bereiten uns einen Tee aus 10 Gramm Baldrianwurzel, 20 Gramm Eibischwurzel, 50 Gramm Eibischblätter, 20 Gramm Schafgarbe und 20 Gramm Süßholzwurzel.

Oder wir nehmen 10 Gramm Lindenblüten, 15 Gramm Odermennig, 15 Gramm Knöterich und 45 Gramm Salbei.

Eine weitere wirksame Methode ist das Gurgeln, wofür wir einen Absud aus Eichenrinde verwenden.

Rachitis

Pflanzeneigenschaften: Kräftigend und aufbauend.

Pflanzen: Knoblauch, Edelkastanie, Walnuß, Meerettich und Kohl.

Abwechselnde, vitaminreiche Ernährung unter Verabreichen von Kohl oder Meeretttichsaft sind die besten Vorbeugungsmaßnahmen bei Rachitits.

Rippenfellentzündung

Pflanzeneigenschaften: Krampf- und hustenstillend, beruhigend.

Pflanzen: Kohl, Klatschmohn, Zwiebel, Birke und Salbei.

Zu empfehlen ist ein Rezept aus gegartem Weißkraut und Zwiebeln zu gleichen Teilen, mit einem Glas Essig übergossen und als Breiumschlag verwendet.

Scharlach

siehe Pocken

Scheidenentzündung

Pflanzeneigenschaften: Krampfstillend und beruhigend.

Pflanzen: Schafgarbe, Knoblauch, Hirtentäschelkraut, Schöllkraut, Salbei, Eiche, Taubnessel, Rosmarin, Thymian und Lavendel.

Am besten ist die Anwendung von Vaginalspülungen. Dafür nehmen wir 1 Handvoll Rosmarin und 1 Handvoll Thymian und übergießen das Ganze mit 2l heißem Wasser.

Schlaflosigkeit

Pflanzeneigenschaften: Krampfstillend und beruhigend.

Pflanzen: Weißdorn, Königskerze, Klatschmohn, Lattich, Schwellkraut,Zwiebel, Eisenkraut, Baldrian, Melisse, Schlehe und Kamille.

Sehr beruhigend und schlafbringend wirkt ein Melissenaufguß, der dem Vollbade zugefügt wird, welches man vor dem Schlafengehen nimmt.

Einen hilfreichen Schlaftrunk erhalten wir, wenn wir 1 kleine feingeraspelte Zwiebel mit heißer Milch übergießen, das Ganze 10 Minuten ziehen lassen, abseihen und mit etwas Honig süßen.

Oder wir geben 1 Eßlöffel Baldriansaft in 1 Tasse Kamillentee.

Schnittwunden

Pflanzeneigenschaften: Blutstillend, desinfizierend und zusammenziehend.

Pflanzen: Schafgarbe, Klette, Hirtentäschelkraut, schwarze Johannisbeere, Farnkraut, Taubnessel und Immergrün.

Ein Breiumschlag aus frischer Schafgarbe ist hier besonders wirksam, oder man tränkt einen Verband in Schafgarbe oder Salbeiabsud und wickelt ihn um die betroffene Stelle.

Schnupfen

Pflanzeneigenschaften: Hustenstillend und entkrampfend.

Pflanzen: Eichenrinde, Johanniskraut, Arnika, Klatschmohn, Eibisch, Erdefeu, Veilchen, Zwiebel, Lavendel und Salbei.

Eine Kräuterteemischung aus Eichenrinde, Johanniskraut, Melisse und Kamille wirkt hervorragend gegen Schnupfen.

Eine gute Methode sind Nasenspülungen. Dafür verwenden wir Zitronensaft (lauwarm) und spülen mit einer milden Salzlösung nach.

Schuppenflechte

Pflanzeneigenschaften: Blutreinigend und beruhigend.

Pflanzen: Kamille, Lavendel, Ehrenpreis, Erdrauch, Klette, Wacholder, Ringelblumen, Stiefmütterchen und Arnika.

Hier hilft ein Tee aus Lavendel, Salbei und Linde zu gleichen Teilen. Wir geben 1 Teelöffel dieser Mischung auf 1 Tasse Wasser und trinken täglich 3 Tassen davon.

Schweißausbruch

Pflanzeneigenschaften: Schweißstillend und zusammenziehend.

Pflanzen: Baldrian, Salbei, Tausendgüldenkraut, Wermut, Eiche, Holunder, Arnika und Walnuß.

Besonders wirksam ist ein Absud aus Eichenrinde.

Schwindelgefühl

Pflanzeneigenschaften: Kräftigend und anregend.

Pflanzen: Knoblauch, Lavendel, Arnika, Weißdorn, Melisse, Zwiebel und Salbei.

Besonders kreislaufanregend sind Hand- und Fußbäder aus 1 Handvoll Weißdorn, Kamille, Lavendel und Salbei für 2l Wasser.

Verdauungsstörungen

Pflanzeneigenschaften: Auswurffördernd und desinfizierend.

Pflanzen: Knoblauch, schwarze Johannisbeere, Brennessel, Enzian und Eisenkraut.

Wenn man regelmäßig frisches Sauerkraut ißt, regelt sich die Verdauung.

Auch stark aufgebrühter Enziantee ist bei diesem Übel hilfreich.

Verstauchungen

Pflanzeneigenschaften: Schmerzlindernd und beruhigend.

Pflanzen: Arnika, Kohl, Erdefeu, Schöllkraut und Salbei.

Bei Verstauchungen haben sich Breiumschläge aus warmen Kohlblättern bzw. die Verwendung von Arnikatinktur am besten bewährt.

Warzen

Pflanzeneigenschaften: Desinfizierend.

Pflanzen: Knoblauch, Schöllkraut, Walnuß, Zwiebel, Eiche und Kohl.

Man zerstampft frisches Schöllkraut zu Brei und bestreicht damit die Warze.

Eine Zwiebelscheibe wird über Nacht auf die Warze gelegt und eingebunden.

Weißfluß

siehe Scheidenentzündung

Würmer

Pflanzeneigenschaften: Auswurffördernd und desinfizierend.

Pflanzen: Baldrian, Faulbaum, Wermut, Thymian, Knoblauch, Meerettich und Kamille.

Der Knoblauch steht hier als Gegenmittel an erster Stelle. Ein gutes Rezept ist: 40 Gramm Knoblauchzehen, in Scheiben geschnitten, 30 Gramm Kamille und 20 Gramm Wermut werden in 1l Weißwein eingelegt und 10 Tage lang ziehengelassen. Danach abseihen und täglich auf nüchternen Magen 1 Weinglas voll trinken. Benutzt man dieses Mittel kurmäßig, so sollte zusätzlich 1 Stunde später ein Einlauf mit 1/2l lauwarmen Kamillentee gemacht werden.

Zittern

Pflanzeneigenschaften: Beruhigend und lindernd.

Pflanzen: Arnika, Kamille, Salbei und Eisenkraut.

Ein leichter Tee aus Arnika, Kamille und Salbei zu gleichen Teilen wirkt beruhigend und ausgleichend.

Notizen

Notizen

Notizen

Notizen

Einige Titel aus unserer Schritt-für- Schritt-Reihe

Sabrina Ulbrich

Geheimnisvolle Düfte 1

Räuchern mit Harzen und Hölzern

Sabrina Ulbrich

Geheimnisvolle Düfte 2

Räuchern mit ätherischen Ölen

Cheru

Runenorakel

Das alte Wissen für die heutige Zeit

Tordis van Boysen

Kraft des Heilens

Hilfe durch die Macht des Willens